LE COLONEL CHABERT

ROMAN

TEXTE INTÉGRAL

*Texte conforme
au Furne corrigé de 1845.*

*Notes explicatives, questionnaires, bilans,
documents et parcours thématique*

*établis par
François DOLLÉANS,
Professeur agrégé de Lettres modernes.*

Classiques Hachette

Les mots suivis d'une puce ronde (•) renvoient au lexique du *Colonel Chabert*, page 169, et ceux suivis d'un astérisque (*) au lexique stylistique, page 174.

Crédits photographiques :
pp. 4, 9, 10, 23, 46 (grenadier, gravure de Charlet), 65 (illustration pour *Le Colonel Chabert*, gravure sur bois de Louis-Henri Brévière, d'après un dessin d'Albert d'Arnoux dit Bertall), 66 (Napoléon, d'un geste familier, aimait à pincer l'oreille de ceux qui le servaient, aquarelle de Myrbach, bibliothèque Thiers), 72 (photo Louis Loose), 74, 81, 91, 94, 103, 106, 115, 117 (*Ils grognaient et le suivaient toujours*, lithographie de Gihaut), 124 (portrait-charge de Balzac, illustration de Ben, coll. privée), 173, 176 : photographies Hachette.
p. 8 (cliché Hachette) : photographie Bibliothèque Nationale.
p. 113 (*Napoléon sur le champ de bataille d'Eylau*, tableau de A. J. Gros, musée du Louvre) : photographie Josse
p. 144, 168 : photographies Film par Film.

© HACHETTE LIVRE 2007, 43, quai de Grenelle 75905 Paris Cedex 15

ISBN : 978-2-01-169488-1

www.hachette-education.com

SOMMAIRE

LE COLONEL CHABERT
(texte intégral)

BALZAC ET SON TEMPS

À PROPOS DE L'ŒUVRE

PARCOURS THÉMATIQUE

ANNEXES

Portrait d'Honoré de Balzac par Louis Boulanger.
Paris, Maison de Balzac.

*Le dimanche 8 février 1807, devant le cimetière
d'Eylau, Napoléon doit engager toute sa cavalerie
pour résister à l'attaque des Russes, finalement
vaincus. Victoire ? Devant les cadavres de dix-huit
mille Français et de vingt-cinq mille Russes,
l'Empereur déclare :*
*« Ce spectacle est fait pour inspirer aux princes
l'amour de la paix et l'horreur de la guerre. »*
*Quatorze mois après le « soleil » d'Austerlitz,
le carnage d'Eylau assombrit l'épopée impériale.*
Balzac a sept ans.
*Vingt-cinq ans plus tard, en 1832, l'Empire poursuit
sa « carrière littéraire ». La revue* L'Artiste *publie* La
Transaction, *court roman dont le héros, le colonel
Chabert, vit à Eylau le début d'un véritable
cauchemar militaire et civil. L'auteur de cette
nouvelle, Honoré de Balzac, est un jeune romancier
à succès ; il a d'abord publié sous divers
pseudonymes des œuvres « alimentaires », et
collaboré à plusieurs journaux comme chroniqueur
mondain. Il a ensuite signé de son vrai nom des
œuvres majeures, dont* La Peau de chagrin, *en
1831. Il s'est déjà ruiné dans une expérience
désastreuse d'éditeur-imprimeur-fondeur qui l'a
obligé à contracter d'immenses dettes, sans cesse
aggravées par son goût du luxe et son
tempérament dépensier... Il a donc accepté
d'innombrables contrats qui le rémunèrent à
l'avance pour des volumes non écrits !... Mais il
n'est pas encore l'auteur d'une fresque prodigieuse.
En 1844,* La Transaction, *intitulée* La Comtesse à
deux maris *dans les éditions de 1835 et de 1839,
reçoit son titre définitif :* Le Colonel Chabert.
*Balzac a corrigé son texte à maintes reprises,
comme les dizaines de romans qu'il a écrits depuis
douze ans pour bâtir une cathédrale romanesque
sans précédent :* La Comédie humaine.

LE COLONEL CHABERT DANS *LA COMÉDIE HUMAINE*

Études analytiques	Études philosophiques	Études de moeurs					
		Scènes de la vie privée	Scènes de la vie de province	Scènes de la vie parisienne	Scènes de la vie politique	Scènes de la vie militaire	Scènes de la vie de campagne
La Physiologie du mariage (1829)	La Peau de chagrin (1831) Le Chef-d'œuvre inconnu (1831) Louis Lambert (1832) La Recherche de l'absolu (1834) Un drame au bord de la mer (1834) Melmoth réconcilié (1835) et une vingtaine d'autres romans et projets	Gobseck (1830) La Femme de trente ans (1831-33) Le Colonel Chabert (1832) Le Père Goriot (1834-35) Béatrix (1839-44) Albert Savarus (1842) Honorine (1843) Modeste Mignon (1844) et une vingtaine d'autres romans et projets	Le Curé de Tours (1832) Eugénie Grandet (1833) L'Illustre Gaudissart (1833) Le Lys dans la vallée (1835-36) Le Cabinet des antiques (1836-38) Illusions perdues (1837-43) Ursule Mirouët (1841) La Muse du département (1842) La Rabouilleuse (1841-42) et sept autres romans et projets	Sarrasine (1831) Ferragus (1834) La Fille aux yeux d'or (1834-35) La Duchesse de Langeais (1834-35) Facino Cane (1836) César Birotteau (1837) La Maison Nucingen (1838) Un prince de la bohème (1840) L'Envers de l'histoire contemporaine (1842-43) Splendeurs et misères des courtisanes (1838-47) La Cousine Bette (1846) Le Cousin Pons (1847) et sept autres romans et projets	Un épisode sous la Terreur (1830) Z. Marcas (1840) Une ténébreuse affaire (1841) Le Député d'Arcis (1847) et quatre autres projets	Les Chouans (1829) Une passion dans le désert (1830) et une vingtaine d'autres projets	Le Médecin de campagne (1833) Le Curé de village (1839) Les Paysans (inachevé, 1844) et deux autres projets
Petites Misères de la vie conjugale (fragments; 1845) Trois autres projets							

L'intérêt du <u>Colonel Chabert</u>, malgré son titre, ne réside guère dans le récit héroïque d'exploits militaires, ni dans le portrait édifiant d'un officier de l'Empire. Dès les premières pages en effet, le ton est donné : «l'avant-scène», caractéristique du roman balzacien, développe une conversation triviale entre de jeunes clercs•, des employés passés maîtres dans l'art du discours juridique et des plaisanteries douteuses. L'arrivée du colonel parmi eux s'avère pour le moins anachronique ; personnage ridicule ou pitoyable, caricature historique de mauvais goût, tel serait Chabert s'il ne symbolisait la quête d'une reconnaissance qui fonde sa pathétique universalité.

Chabert est d'abord un «revenant» qui cherche une identité perdue ; «spectre» plus shakespearien que romantique, il demande justice, pour lui, mais aussi pour l'Histoire que des usurpateurs et une traîtresse ont occultée.

Chabert est aussi un déclassé, un marginal, condamné malgré lui à l'exclusion : enfant abandonné, sans nom, il s'en fait un, et le perd ; il ne possède pas davantage la langue du Droit ; privé des mots qui donnent une existence et un pouvoir, il reste «un cas social», enfermé dans le silence ou l'indicible.

Chabert est enfin une victime «innommable» : frustré d'une affection et d'une estime vitales, simple numéro dans un univers impersonnel, le colonel devient le symbole d'une angoisse éternelle, d'un malheur insondable : n'être plus rien pour personne dans un monde incompréhensible.

<u>Le Colonel Chabert</u> pose donc la grande question balzacienne, qui résume l'ambition humaine et le sens de toute vie : comment trouver sa place, dans la société, dans l'existence, et dans l'Histoire ?

Caricature de Balzac par Nadar (B.N., Estampes).

Gens de justice *par Daumier (B.N., Estampes).*

À MADAME LA COMTESSE IDA DE BOCARMÉ, NÉE DU CHASTELER[1]

«Allons! encore notre vieux carrick•!»
Cette exclamation échappait à un clerc• appartenant au
genre de ceux qu'on appelle dans les études des *saute-*
ruisseaux, et qui mordait en ce moment de fort bon
appétit dans un morceau de pain; il en arracha un peu
de mie pour faire une boulette et la lança railleusement
par le vasistas d'une fenêtre sur laquelle il s'appuyait.
Bien dirigée, la boulette rebondit presque à la hauteur de
la croisée, après avoir frappé le chapeau d'un inconnu
qui traversait la cour d'une maison située rue Vivienne,
où demeurait Me Derville, avoué•.
«Allons, Simonnin, ne faites donc pas de sottises aux
gens, ou je vous mets à la porte. Quelque pauvre que soit
un client, c'est toujours un homme, que diable!» dit le
Maître clerc en interrompant l'addition d'un mémoire•
de frais.
Le saute-ruisseau est généralement, comme était Simonnin, un garçon de treize à quatorze ans, qui dans toutes
les études• se trouve sous· la domination spéciale du
Principal clerc, dont les commissions et les billets doux
l'occupent tout en allant porter des exploits• chez les
huissiers• et des placets• au Palais•. Il tient au gamin de
Paris par ses mœurs, et à la Chicane• par sa destinée.
Cet enfant est presque toujours sans pitié, sans frein[2],
indisciplinable, faiseur de couplets, goguenard•, avide et
paresseux. Néanmoins presque tous les petits clercs ont
une vieille mère logée à un cinquième étage avec
laquelle ils partagent les trente ou quarante francs qui
leur sont alloués par mois.
«Si c'est un homme, pourquoi l'appelez-vous *vieux car-*

---

1. *Ida de Bocarmé, née Du Chasteler* : grande admiratrice de Balzac, elle peignit à
l'aquarelle les soixante-cinq écussons de l'armorial composé par le comte de Gram-
mont pour les grandes familles de *La Comédie humaine.* Pierre Citron explique
pourquoi cette dédicace apparaît plus comme « *le paiement d'une dette de reconnais-*
sance » qu'une « *preuve d'amitié* » (cf. bibliographie).
2. *sans frein* : effréné, sans retenue.

11

rick[•]?» dit Simonnin de l'air de l'écolier qui prend son
maître en faute.

Et il se remit à manger son pain et son fromage en
accotant[1] son épaule sur le montant de la fenêtre, car il
se reposait debout, ainsi que les chevaux de coucou[2],
l'une de ses jambes relevée et appuyée contre l'autre,
sur le bout du soulier.

«Quel tour pourrions-nous jouer à ce chinois-là?» dit à
voix basse le troisième clerc[•] nommé Godeschal[3] en
s'arrêtant au milieu d'un raisonnement qu'il engendrait
dans une requête[•] grossoyée[•] par le quatrième clerc et
dont les copies étaient faites par deux néophytes[4] venus
de province. Puis il continua son improvisation : ...
Mais, dans sa noble et bienveillante sagesse, Sa Majesté
Louis Dix-Huit (mettez en toutes lettres[5], hé! Desroches[6]
le savant qui faites la Grosse[•]!), *au moment où Elle reprit*
les rênes de son royaume, comprit... (qu'est-ce qu'il
comprit, ce gros farceur-là?) *la haute mission à laquelle*
Elle était appelée par la divine Providence!...... (point
admiratif et six points : on est assez religieux au Palais[•]
pour nous les passer), *et sa première pensée fut, ainsi que*
le prouve la date de l'ordonnance ci-dessous désignée, de
réparer les infortunes causées par les affreux et tristes
désastres de nos temps révolutionnaires, en restituant à ses
fidèles et nombreux serviteurs (nombreux est une flatterie
qui doit plaire au tribunal) *tous leurs biens non vendus,*
soit qu'ils se trouvassent dans le domaine public, soit qu'ils
se trouvassent dans le domaine ordinaire ou extraordinaire
de la couronne, soit enfin qu'ils se trouvassent dans les

---

1. *accotant* : appuyant (d'un côté).
2. *coucous* : voiture à deux chevaux qui assurait le service de banlieue au départ de
Paris. Les coucous transportaient huit passagers et furent progressivement remplacés
par les omnibus.
3. *Godeschal* : introduit en 1835, ce personnage réapparaît dans *Un début dans la
vie* (1842) et dans *Les Petits Bourgeois* (1843-44).
4. *néophytes* : novices, «nouveaux», inexpérimentés.
5. *mettez en toutes lettres* : pour grossir artificiellement le texte et augmenter le
salaire... Tout le développement relève du pastiche, avant de servir la satire.
6. *Desroches* : Balzac ne donne ce nom au quatrième clerc qu'en 1845; il avait créé
ce personnage en 1838 pour *La Maison Nucingen*.

60 dotations d'établissements publics, car nous sommes et nous
nous prétendons habiles à soutenir que tel est l'esprit et le
sens de la fameuse et si loyale ordonnance rendue en...
«Attendez, dit Godeschal aux trois clercs•, cette scélé-
rate de phrase a rempli la fin de ma page. – Eh bien,
65 reprit-il en mouillant de sa langue le dos du cahier afin
de pouvoir tourner la page épaisse de son papier timbré,
eh bien, si vous voulez lui faire une farce, il faut lui dire
que le patron ne peut parler à ses clients qu'entre deux
et trois heures du matin : nous verrons s'il viendra, le
70 vieux malfaiteur!» Et Godeschal reprit la phrase
commencée : «*rendue en...* Y êtes-vous? demanda-t-il.
– Oui», crièrent les trois copistes•.
Tout marchait à la fois, la requête•, la causerie et la
conspiration.
75 «*Rendue en...* Hein? papa Boucard, quelle est la date de
l'ordonnance? il faut mettre les points sur les i, saquerlotte! Cela fait des pages.
– Saquerlotte! répéta l'un des copistes avant que Boucard le Maître clerc n'eût répondu.
80 – Comment, vous avez écrit *saquerlotte*? s'écria Godeschal en regardant l'un des nouveaux venus d'un air à la
fois sévère et goguenard•.
– Mais oui, dit Desroches, le quatrième clerc, en se pen-
chant sur la copie de son voisin, il a écrit : *Il faut mettre*
85 *les points sur les i*, et *sakerlotte* avec un k.»
Tous les clercs partirent d'un grand éclat de rire.
«Comment, monsieur Huré, vous prenez *saquerlotte*
pour un terme de Droit, et vous dites que vous êtes de
Mortagne! s'écria Simonnin.
90 – Effacez bien ça! dit le Principal clerc. Si le juge chargé
de taxer• le dossier voyait des choses pareilles, il dirait
qu'*on se moque de la barbouillée*[1]! Vous causeriez des
désagréments au patron. Allons, ne faites plus de ces
bêtises-là, monsieur Huré! Un Normand ne doit pas

---

1. *se moquer de la barbouillée* : débiter des absurdités ou se moquer de tout pourvu
qu'on réussisse.

95 écrire insouciamment une requête*. C'est le : *Portez arme !*[1] de la Basoche*.

– *Rendue en... en ?...* demanda Godeschal. Dites-moi donc quand, Boucard ?

– Juin 1814 », répondit le Premier clerc* sans quitter
100 son travail.

Un coup frappé à la porte de l'étude* interrompit la phrase de la prolixe[2] requête. Cinq clercs* bien endentés[3], aux yeux vifs et railleurs, aux têtes crépues, levèrent le nez vers la porte, après avoir tous crié d'une voix de
105 chantre[4] : « Entrez. » Boucard resta la face ensevelie dans un monceau d'actes*, nommé *brouille*• en style de Palais*, et continua de dresser le mémoire* de frais auquel il travaillait.

L'étude était une grande pièce ornée du poêle classique
110 qui garnit tous les antres de la chicane*. Les tuyaux traversaient diagonalement la chambre et rejoignaient une cheminée condamnée sur le marbre de laquelle se voyaient divers morceaux de pain, des triangles de fromage de Brie, des côtelettes de porc frais, des verres, des
115 bouteilles, et la tasse de chocolat du Maître clerc. L'odeur de ces comestibles s'amalgamait[5] si bien avec la puanteur du poêle chauffé sans mesure, avec le parfum particulier aux bureaux et aux paperasses, que la puanteur d'un renard n'y aurait pas été sensible. Le plancher était déjà
120 couvert de fange[6] et de neige apportée[7] par les clercs. Près de la fenêtre se trouvait le secrétaire à cylindre[8] du Principal*, et auquel était adossée la petite table destinée au second clerc. Le second *faisait* en ce moment *le*

---

1. *Portez arme !* : par référence à l'instruction militaire les connaissances de base.
2. *prolixe* : trop longue, verbeuse.
3. *bien endentés* : pourvus de belles dents, et donc, au sens figuré, d'un bon appétit.
4. *d'une voix de chantre* : d'une voix forte et sonore, comme celle du chanteur d'église.
5. *s'amalgamait* : s'unissait.
6. *fange* : boue.
7. *apportée* : latinisme ou distraction ? D'autres éditions respectent l'accord (*apportées*).
8. *secrétaire à cylindre* : meuble sur lequel s'adapte un couvercle cylindrique.

palais[1]. Il pouvait être de huit à neuf heures du matin.
125 L'étude• avait pour tout ornement ces grandes affiches
jaunes qui annoncent des saisies• immobilières, des
ventes, des licitations• entre majeurs et mineurs, des
adjudications• définitives ou préparatoires, la gloire des
études! Derrière le Maître clerc• était un énorme casier
130 qui garnissait le mur du haut en bas, et dont chaque
compartiment était bourré de liasses d'où pendaient un
nombre infini d'étiquettes et de bouts de fil rouge qui
donnent une physionomie spéciale aux dossiers de pro-
cédure•. Les rangs inférieurs du casier étaient pleins de
135 cartons jaunis par l'usage, bordés de papier bleu, et sur
lesquels se lisaient les noms des gros clients dont les
affaires juteuses se cuisinaient en ce moment. Les sales
vitres de la croisée laissaient passer peu de jour. D'ailleurs, au mois de février, il existe à Paris très peu d'études
140 où l'on puisse écrire sans le secours d'une lampe avant
dix heures, car elles sont toutes l'objet d'une négligence
assez concevable : tout le monde y va, personne n'y
reste, aucun intérêt personnel ne s'attache à ce qui est si
banal; ni l'avoué•, ni les plaideurs, ni les clercs ne
145 tiennent à l'élégance d'un endroit qui pour les uns est une
classe, pour les autres un passage, pour le maître un
laboratoire. Le mobilier crasseux se transmet d'avoué en
avoué avec un scrupule si religieux que certaines études
possèdent encore des boîtes à *résidus*•, des moules à
150 *tirets*•, des sacs• provenant des procureurs au *Chlet,* abré-
viation du mot CHÂTELET[2], juridiction• qui représentait
dans l'ancien ordre de choses[3] le tribunal• de première
instance actuel. Cette étude obscure, grasse de poussière,
avait donc, comme toutes les autres, quelque chose de
155 repoussant pour les plaideurs, et qui en faisait une des

---

1. *le second* faisait *en ce moment* le palais : (jeu de mots) y travaillait comme une
prostituée vient «faire son palais», le Palais-Royal, étant à l'époque un lieu de
prostitution.
2. *Châtelet* : le Grand Châtelet était une forteresse qui défendait l'accès dans Paris
par la rive droite; sous l'Ancien Régime, il servait de palais de justice, et on le
redoutait plus que la Bastille. Napoléon le fit démolir en 1802 pour ouvrir l'actuelle
place du Châtelet.
3. *l'ancien ordre de choses* : l'Ancien Régime.

plus hideuses monstruosités parisiennes. Certes, si les sacristies humides où les prières se pèsent et se payent comme des épices, si les magasins des revendeuses où flottent des guenilles qui flétrissent toutes les illusions de
160 la vie en nous montrant où aboutissent nos fêtes, si ces deux cloaques[1] de la poésie n'existaient pas, une étude d'avoué° serait de toutes les boutiques sociales la plus horrible. Mais il en est ainsi de la maison de jeu, du tribunal, du bureau de loterie et du mauvais lieu. Pour-
165 quoi ? Peut-être dans ces endroits le drame, en se jouant dans l'âme de l'homme, lui rend-il les accessoires indifférents : ce qui expliquerait aussi la simplicité des grands penseurs et des grands ambitieux.
« Où est mon canif ?
170 – Je déjeune !
– Va te faire lanlaire[2], voilà un pâté sur la requête !
– Chît[3] ! messieurs. »
Ces diverses exclamations partirent à la fois au moment où le vieux plaideur° ferma la porte avec cette sorte
175 d'humilité qui dénature les mouvements de l'homme malheureux. L'inconnu essaya de sourire, mais les muscles de son visage se détendirent quand il eut vainement cherché quelques symptômes d'aménité[4] sur les visages inexorablement insouciants des six clercs°.
180 Accoutumé sans doute à juger les hommes, il s'adressa fort poliment au saute-ruisseau, en espérant que ce pâtiras[5] lui répondrait avec douceur.
« Monsieur, votre patron est-il visible ? »
Le malicieux saute-ruisseau ne répondit au pauvre
185 homme qu'en se donnant avec les doigts de la main gauche de petits coups répétés sur l'oreille, comme pour dire : « Je suis sourd. »

---

1. *cloaques* : égouts.
2. *Va te faire lanlaire* : expression familière pour se débarrasser d'un importun (le mot «lanlaire» apparaît dans de nombreux refrains).
3. *Chît* : onomatopée équivalant à notre «chut».
4. *d'aménité* : de politesse et d'amabilité.
5. *pâtiras* : «homme, enfant ou animal servant de jouet ; souffre-douleur» (Littré). Pierre Citron note que « *le même terme désignera Goriot*».

«Que souhaitez-vous, monsieur? demanda Godeschal
qui tout en faisant cette question avalait une bouchée de
190 pain avec laquelle on eût pu charger une pièce de
quatre[1], brandissait son couteau, et se croisait les jambes
en mettant à la hauteur de son œil celui de ses pieds qui
se trouvait en l'air.

– Je viens ici, monsieur, pour la cinquième fois, répon-
195 dit le patient. Je souhaite parler à M. Derville.

– Est-ce pour une affaire• ?

– Oui, mais je ne puis l'expliquer qu'à monsieur...

– Le patron dort, si vous désirez le consulter sur quelques difficultés, il ne travaille sérieusement qu'à minuit.
200 Mais si vous vouliez nous dire votre cause•, nous pour-
rions, tout aussi bien que lui, vous... »

L'inconnu resta impassible. Il se mit à regarder modes-
tement autour de lui, comme un chien qui, en se glissant
dans une cuisine étrangère, craint d'y recevoir des
205 coups. Par une grâce de leur état, les clercs• n'ont jamais
peur des voleurs, ils ne soupçonnèrent donc point
l'homme au carrick• et lui laissèrent observer le local, où
il cherchait vainement un siège pour se reposer, car il
était visiblement fatigué. Par système, les avoués•
210 laissent peu de chaises dans leurs études•. Le client vulgaire, lassé d'attendre sur ses jambes, s'en va grognant,
mais il ne prend pas un temps qui, suivant le mot d'un
vieux procureur, n'est pas admis en taxe•.

«Monsieur, répondit-il, j'ai déjà eu l'honneur de vous
215 prévenir que je ne pouvais expliquer mon affaire qu'à
M. Derville, je vais attendre son lever. »

Boucard avait fini son addition. Il sentit l'odeur de son
chocolat, quitta son fauteuil de canne[2], vint à la cheminée, toisa le vieil homme, regarda le carrick et fit une
220 grimace indescriptible. Il pensa probablement que, de
quelque manière que l'on tordît ce client, il serait
impossible d'en extraire un centime ; il intervint alors

---

1. *pièce de quatre* : type de canon.
2. *son fauteuil de canne* : c'est-à-dire en canne (roseau, bambou, balisier...).

par une parole brève, dans l'intention de débarrasser
l'étude• d'une mauvaise pratique•.

225 « Ils vous disent la vérité, monsieur. Le patron ne travaille que pendant la nuit. Si votre affaire est grave, je
vous conseille de revenir à une heure du matin. »
Le plaideur• regarda le Maître clerc• d'un air stupide, et
demeura pendant un moment immobile. Habitués à tous

230 les changements de physionomie[1] et aux singuliers
caprices produits par l'indécision ou par la rêverie qui
caractérisent les gens processifs[2], les clercs continuèrent
à manger, en faisant autant de bruit avec leurs
mâchoires que doivent en faire des chevaux au râtelier,

235 et ne s'inquiétèrent plus du vieillard.
« Monsieur, je viendrai ce soir », dit enfin le vieux qui par
une ténacité particulière aux gens malheureux voulait
prendre en défaut l'humanité.
La seule épigramme[3] permise à la Misère est d'obliger la

240 Justice et la Bienfaisance à des dénis[4] injustes. Quand les
malheureux ont convaincu la Société de mensonge, ils
se rejettent plus vivement dans le sein de Dieu.
« Ne voilà-t-il pas un fameux *crâne*[5] ? dit Simonnin sans
attendre que le vieillard eût fermé la porte.

245 – Il a l'air d'un déterré, reprit le dernier clerc.
– C'est quelque colonel qui réclame un arriéré•, dit le
Maître clerc.
– Non, c'est un ancien concierge, dit Godeschal.
– Parions qu'il est noble, s'écria Boucard.

250 – Je parie qu'il a été portier, répliqua Godeschal. Les
portiers sont seuls doués par la nature de carricks• usés,
huileux et déchiquetés par le bas comme l'est celui de ce

---

1. *physionomie* : air et traits du visage. Balzac lui accordait une signification essentielle (cf. p. 45, question 19).
2. *processifs* : « qui aiment à intenter, à prolonger des procès » (Littré).
3. *épigramme* : mot railleur, trait d'esprit, pointe satirique.
4. *dénis* : actions de nier ou de dénier. « En jurisprudence, refus d'une chose due
[...]. Déni de justice : manquement d'un juge à rendre la justice qu'on lui demande,
soit par refus, soit par négligence, et dans le langage général, refus d'accorder à
quelqu'un ce qui lui est dû » (Littré). Balzac joue avec les mots !
5. *crâne* : « homme hardi et querelleur » (Littré), courageux et décidé. Jeu de mots
avec « crâne » (tête) ? Simonnin en est bien capable...

vieux bonhomme! Vous n'avez donc vu ni ses bottes
éculées qui prennent l'eau, ni sa cravate qui lui sert de
255 chemise? Il a couché sous les ponts.
– Il pourrait être noble et avoir tiré le cordon[1], s'écria
Desroches. Ça s'est vu!
– Non, reprit Boucard au milieu des rires, je soutiens
qu'il a été brasseur en 1789, et colonel sous la Répu-
260 blique.
– Ah! je parie un spectacle pour tout le monde qu'il n'a
pas été soldat, dit Godeschal.
– Ça va, répliqua Boucard.
– Monsieur! monsieur! cria le petit clerc• en ouvrant la
265 fenêtre.
– Que fais-tu, Simonnin? demanda Boucard.
– Je l'appelle pour lui demander s'il est colonel ou por-
tier, il doit le savoir, lui.»
Tous les clercs se mirent à rire. Quant au vieillard, il
270 remontait déjà l'escalier.
«Qu'allons-nous lui dire? s'écria Godeschal.
– Laissez-moi faire!» répondit Boucard.
Le pauvre homme rentra timidement en baissant les
yeux, peut-être pour ne pas révéler sa faim en regardant
275 avec trop d'avidité les comestibles.
«Monsieur, lui dit Boucard, voulez-vous avoir la
complaisance de nous donner votre nom, afin que le
patron sache si...
– Chabert.
280 – Est-ce le colonel mort à Eylau? demanda Huré qui
n'ayant encore rien dit était jaloux d'ajouter une raillerie
à toutes les autres.
– Lui-même, monsieur, répondit le bonhomme avec
une simplicité antique. Et il se retira.
285 – Chouit!
– Dégommé!
– Puff!
– Oh!

---

1. *avoir tiré le cordon* : jeu de mots sur les cordons de la bourse, sur ceux des
décorations (ou rubans) et sur ceux des sonnettes.

    — Ah!

290   — Bâoun!

    — Ah! le vieux drôle!

    — Trinn, la, la, trinn, trinn!

    — Enfoncé!

    — Monsieur Desroches, vous irez au spectacle sans
295 payer », dit Huré au quatrième clerc*, en lui donnant sur l'épaule une tape à tuer un rhinocéros.

Ce fut un torrent de cris, de rires et d'exclamations, à la peinture duquel on userait toutes les onomatopées de la langue.

300 « À quel théâtre irons-nous?

    — À l'Opéra! s'écria le Principal.

    — D'abord, reprit Godeschal, le théâtre n'a pas été désigné. Je puis, si je veux, vous mener chez Mme Saqui[1].

    — Mme Saqui n'est pas un spectacle, dit Desroches.

305 — Qu'est-ce qu'un spectacle? reprit Godeschal. Établissons d'abord le *point de fait**. Qu'ai-je parié, messieurs? un spectacle. Qu'est-ce qu'un spectacle? une chose qu'on voit...

    — Mais dans ce système-là, vous vous acquitteriez donc
310 en nous menant voir l'eau couler sous le Pont-Neuf? s'écria Simonnin en interrompant.

    — Qu'on voit pour de l'argent[2], disait Godeschal en continuant.

    — Mais on voit pour de l'argent bien des choses qui ne
315 sont pas un spectacle. La définition n'est pas exacte, dit Desroches.

    — Mais, écoutez-moi donc!

    — Vous déraisonnez, mon cher, dit Boucard.

    — Curtius* est-il un spectacle? dit Godeschal.

320 — Non, répondit le Maître clerc, c'est un cabinet de figures. Je parie cent francs contre un sou, reprit Godeschal,

---

1. *Mme Saqui* : (1786-1866), «*célèbre danseuse et acrobate qui avait conquis sa réputation sous l'Empire. Son théâtre du boulevard du Temple, spécialisé dans les funambules et pantomimes, s'ouvrit en 1816*» (P. Citron, cf. bibliographie).
2. *Qu'on voit pour de l'argent* : un droit de péage était en effet réclamé à ceux qui franchissaient le Pont-Neuf.

que le cabinet de Curtius constitue l'ensemble de choses
auquel est dévolu le nom de spectacle. Il comporte une
325 chose à voir à différents prix, suivant les différentes
places où l'on veut se mettre...
– Et *berlik berlok*, dit Simonnin.
– Prends garde que je ne te gifle, toi!» dit Godeschal.
Les clercs• haussèrent les épaules.
330 «D'ailleurs, il n'est pas prouvé que ce vieux singe ne se
soit pas moqué de nous, dit-il en cessant son argumenta-
tion étouffée par le rire des autres clercs. En conscience,
le colonel Chabert est bien mort, sa femme est remariée
au comte Ferraud, conseiller d'État. Mme Ferraud est
335 une des clientes de l'étude•!
– La cause• est remise à demain, dit Boucard. À l'ouvrage, messieurs! Sac-à-papier! l'on ne fait rien ici.
Finissez donc votre requête•, elle doit être signifiée•
avant l'audience• de la quatrième Chambre•. L'affaire•
340 se juge aujourd'hui. Allons, à cheval.
– Si c'eût été le colonel Chabert, est-ce qu'il n'aurait
pas chaussé le bout de son pied dans le postérieur de ce
farceur de Simonnin quand il a fait le sourd? dit Desroches en regardant cette observation comme plus
345 concluante que celle de Godeschal.
– Puisque rien n'est décidé, reprit Boucard, convenons
d'aller aux secondes loges des Français voir Talma[1] dans
Néron. Simonnin ira au parterre[2].»
Là-dessus, le Maître clerc s'assit à son bureau, et chacun
350 l'imita.

---

1. *Talma* : (1763-1826), célèbre tragédien que Balzac regretta de ne pas voir
interpréter le personnage de Néron, dans le *Britannicus* de Racine. Félix de Vande-
nesse connaîtra la même frustration dans *Le Lys dans la vallée*. Pierre Barberis (cf.
bibliographie) explique : «*Talma, qui avait été le tragédien officiel de Napoléon, était
suspect, politiquement, aux yeux du gouvernement de la Restauration, qui multipliait les
vexations à son égard. Aller voir jouer Talma est donc un acte qui marque politiquement
les clercs : ils sont anti-Louis XVIII, ils ont des sympathies "de gauche", tout en étant
méchants et en ne croyant à rien. Piste de lecture importante : on peut être "de gauche"
sous la Restauration, et inhumain. Balzac amorce ici une nouvelle répartition des
catégories du bien et du mal qui ne coïncident pas avec les catégories établies de la
politique.*»
2. *parterre* : autrefois places debout, destinées à un public populaire.

« *Rendue en juin mil huit cent quatorze* (en toutes lettres), dit Godeschal, y êtes-vous ?

– Oui, répondirent les deux copistes[*] et le grossoyeur[*] dont les plumes recommencèrent à crier sur le papier
355   timbré en faisant dans l'étude[*] le bruit de cent hannetons enfermés par des écoliers dans des cornets de papier.

– *Et nous espérons que Messieurs composant le tribunal*[*], dit l'improvisateur. Halte ! il faut que je relise ma phrase, je ne me comprends plus moi-même.

360   – Quarante-six[1]... Ça doit arriver souvent !... Et trois, quarante-neuf, dit Boucard.

– *Nous espérons,* reprit Godeschal après avoir tout relu, *que Messieurs composant le tribunal ne seront pas moins grands que ne l'est l'auguste*[*] *auteur de l'ordonnance*[*]*, et*
365   *qu'ils feront justice des misérables prétentions de l'administration de la grande chancellerie*[*] *de la Légion d'honneur en fixant la jurisprudence*[*] *dans le sens large que nous établissons ici...*

– Monsieur Godeschal, voulez-vous un verre d'eau ? dit
370   le petit clerc[*].

– Ce farceur de Simonnin ! dit Boucard. Tiens, apprête tes chevaux à double semelle[2], prends ce paquet, et valse jusqu'aux Invalides.

– *Que nous établissons ici,* reprit Godeschal. Ajoutez :
375   *dans l'intérêt de madame...* (en toutes lettres) *la vicomtesse de Grandlieu...*

– Comment ! s'écria le Maître clerc, vous vous avisez de faire des requêtes[*] dans l'affaire[*] vicomtesse de Grandlieu contre Légion d'honneur[3], une affaire pour compte

---

1. *Quarante-six* [...] *quarante-neuf* : sous-entendu *lignes.*
2. *à double semelle* : pour aller deux fois plus vite (plaisanterie).
3. *l'affaire vicomtesse de Grandlieu contre Légion d'honneur* : cette addition de l'édition Furne permet à Balzac de mentionner deux grandes familles nobles de *La Comédie humaine* (les Grandlieu et les Navarreins), et de condamner par la même occasion leur égoïsme : l'aristocratie, soucieuse de se voir restituer ses biens (dévolus à un service public), ne se préoccupe guère de la reconstruction de l'État... Le romancier nous plonge déjà dans sa vision de la Restauration... et assure l'unité de *La Comédie humaine* : *Les Dangers de l'inconduite* (futur *Gobseck*) racontent notamment comment Derville aide la vicomtesse de Grandlieu à recouvrer divers biens confisqués par la Révolution.

380 d'étude•, entreprise à forfait•? Ah! vous êtes un fier
nigaud! Voulez-vous bien me mettre de côté vos copies•
et votre minute•, gardez-moi cela pour l'affaire• Navarreins contre les Hospices[1]. Il est tard, je vais faire un
bout de placet•, avec des *attendu*•, et j'irai moi-même au
385 Palais...»
Cette scène représente un des mille plaisirs qui, plus
tard, font dire en pensant à la jeunesse[2] : « C'était le bon
temps ! »

«Je suis le Colonel Chabert... mort à Eylau.»

1. *les Hospices* : les hospices avaient reçu quatre millions en biens nationaux
(décret du 15 brumaire an IX). Cf. aussi note précédente.
2. *la jeunesse* : allusion à celle du romancier chez l'avoué Guillonnet-Merville
(1816-1818) et chez le notaire Victor Passez (1818-1819).

23

Questions

Compréhension

1. *Dans quel univers Balzac nous introduit-il ? Le présente-t-il comme un monde particulier, soumis à des lois précises et complexes, ou comme un microcosme représentatif de la société ?*

2. *L'étude de maître Derville est-elle située dans le temps et dans l'espace ? Relevez quelques indices (notamment le moment de la journée et les repères historiques). Qu'en déduisez-vous ?*

3. *Hormis le colonel Chabert, les personnages sont-ils nettement caractérisés ? Précisez de quelle manière. N'ont-ils pas néanmoins un point commun ? Expliquez le parti qu'en tire Balzac.*

4. *Quand le colonel Chabert apparaît-il pour la première fois ? Relevez les passages qui vous permettent de découvrir son histoire, son âge, son apparence, son caractère... Son destin est-il déjà prévisible ? Conserve-t-il une part de mystère ?*

5. *Comment le romancier intervient-il dans son texte ? Dans quel but ?*

6. *À la lecture de cet incipit*, Balzac vous semble-t-il un écrivain réaliste ou visionnaire ?*

Écriture

7. *Quel champ* lexical prédomine dans ces premières pages ? Participe-t-il seulement à l'évocation réaliste de l'étude ?*

8. *Justifiez l'emploi fréquent du discours direct, des exclamations, des onomatopées, en citant pour chaque cas un exemple.*

9. *Relevez différents comiques en précisant leur(s) fonction(s). Balzac cherche-t-il à amuser son lecteur ? à le divertir ? à le provoquer ?*

10. *Cherchez une allégorie. Qu'introduit-elle ?*

11. *En quoi cet incipit* s'apparente-t-il à une scène* ? En quoi s'en éloigne-t-il parfois ?*

12. *Quelle(s) dimension(s) la description balzacienne atteint-elle ? Vous vous limiterez au passage « L'étude était une grande pièce ornée du poêle classique [...] ce qui expliquerait aussi la simplicité des grands penseurs et des grands ambitieux » (l. 109 à 168) en observant particulièrement le système des temps, les figures de style et l'énonciation.*

Mise en scène / Mise en perspective

13. *Écrivez une scène de théâtre adaptée du passage «Ne voilà-t-il pas un fameux crâne? [...] toutes les onomatopées de la langue» (l. 243-299). Veillez à garder le plus souvent possible les paroles des personnages, et notez les didascalies* que vous suggère le texte de Balzac. Jouez votre scène. Avez-vous représenté l'exposition d'une comédie? d'un drame? d'une tragédie? Qu'en déduisez-vous pour le roman?*

14. *Dessinez le colonel tel que vous vous l'imaginez ou cherchez des portraits (peinture, photographie...) qui pourraient traduire votre impression.*

15. *Regardez deux adaptations du* Colonel Chabert, *par exemple les films de René Le Henaff (1943, vidéo René Château) et d'Yves Angelo (1994). Appréciez-vous les décors choisis pour l'étude? Pour quelle(s) raison(s)?*

16. *Comment Balzac insère-t-il l'incipit* du* Colonel Chabert *dans* La Comédie humaine?

N.B. *Voir suggestions de groupements thématiques, en annexes.*

Vers une heure du matin, le prétendu colonel Chabert
390 vint frapper à la porte de Me Derville, avoué• près le
tribunal• de première instance du département de la
Seine. Le portier lui répondit que M. Derville n'était pas
rentré. Le vieillard allégua[1] le rendez-vous et monta chez
ce célèbre légiste qui, malgré sa jeunesse, passait pour
395 être une des plus fortes têtes du Palais•. Après avoir
sonné, le défiant solliciteur• ne fut pas médiocrement
étonné de voir le premier clerc• occupé à ranger sur la
table de la salle à manger de son patron les nombreux
dossiers des affaires• qui *venaient* le lendemain en ordre
400 utile. Le clerc, non moins étonné, salua le colonel en le
priant de s'asseoir : ce que fit le plaideur•.
« Ma foi, monsieur, j'ai cru que vous plaisantiez hier en
m'indiquant une heure si matinale pour une consultation, dit le vieillard avec la fausse gaieté d'un homme
405 ruiné qui s'efforce de sourire.
– Les clercs plaisantaient et disaient vrai tout ensemble,
reprit le Principal• en continuant son travail. M. Derville
a choisi cette heure pour examiner ses causes, en résumer les moyens, en ordonner la conduite, en disposer
410 les *défenses*. Sa prodigieuse intelligence est plus libre en
ce moment, le seul où il obtienne le silence et la tranquillité nécessaires à la conception des bonnes idées[2].
Vous êtes, depuis qu'il est avoué, le troisième exemple
d'une consultation donnée à cette heure nocturne. Après
415 être rentré, le patron discutera chaque affaire•, lira tout,
passera peut-être quatre ou cinq heures à sa besogne ;
puis, il me sonnera et m'expliquera ses intentions. Le
matin, de dix heures à deux heures, il écoute ses clients,
puis il emploie le reste de la journée à ses rendez-vous.
420 Le soir, il va dans le monde pour y entretenir ses relations. Il n'a donc que la nuit pour creuser ses procès,
fouiller les arsenaux du Code• et faire ses plans de
bataille. Il ne veut pas perdre une seule cause, il a
l'amour de son art. Il ne se charge pas, comme ses

---

1. *allégua* : invoqua pour se justifier.
2. *le seul [...] bonnes idées* : Balzac travaillait lui aussi la nuit...

425 confrères, de toute espèce d'affaire•. Voilà sa vie, qui est singulièrement active. Aussi gagne-t-il beaucoup d'argent. »

En entendant cette explication, le vieillard resta silencieux, et sa bizarre figure prit une expression si dépourvue d'intelligence, que le clerc•, après l'avoir regardé, ne s'occupa plus de lui. Quelques instants après, Derville rentra, mis en costume de bal ; son Maître clerc lui ouvrit la porte, et se remit à achever le classement des dossiers. Le jeune avoué• demeura pendant un moment

435 stupéfait en entrevoyant dans le clair-obscur le singulier client qui l'attendait. Le colonel Chabert était aussi parfaitement immobile que peut l'être une figure en cire de ce cabinet de Curtius• où Godeschal avait voulu mener ses camarades. Cette immobilité n'aurait peut-être pas

440 été un sujet d'étonnement, si elle n'eût complété le spectacle surnaturel que présentait l'ensemble du personnage. Le vieux soldat était sec et maigre. Son front, volontairement caché sous les cheveux de sa perruque lisse, lui donnait quelque chose de mystérieux. Ses yeux

445 paraissaient couverts d'une taie[1] transparente : vous eussiez dit de la nacre• sale dont les reflets bleuâtres chatoyaient à la lueur des bougies. Le visage pâle, livide, et en lame de couteau, s'il est permis d'emprunter cette expression vulgaire, semblait mort. Le cou était serré par

450 une mauvaise cravate de soie noire. L'ombre cachait si bien le corps à partir de la ligne brune que décrivait ce haillon, qu'un homme d'imagination aurait pu prendre cette vieille tête pour quelque silhouette due au hasard, ou pour un portrait de Rembrandt, sans cadre. Les bords

455 du chapeau qui couvrait le front du vieillard projetaient un sillon noir sur le haut du visage. Cet effet bizarre, quoique naturel, faisait ressortir, par la brusquerie du contraste, les rides blanches, les sinuosités froides, le sentiment décoloré de cette physionomie cadavéreuse.

460 Enfin l'absence de tout mouvement dans le corps, de toute chaleur dans le regard, s'accordait avec une

---

1. *une taie* : un voile sur la cornée.

certaine expression de démence triste, avec les dégradants symptômes par lesquels se caractérise l'idiotisme[1],
pour faire de cette figure je ne sais quoi de funeste
465 qu'aucune parole humaine ne pourrait exprimer. Mais
un observateur, et surtout un avoué•, aurait trouvé de
plus en cet homme foudroyé les signes d'une douleur
profonde, les indices d'une misère qui avait dégradé ce
visage, comme les gouttes d'eau tombées du ciel sur un
470 beau marbre l'ont à la longue défiguré. Un médecin, un
auteur, un magistrat• eussent pressenti tout un drame à
l'aspect de cette sublime horreur dont le moindre mérite
était de ressembler à ces fantaisies que les peintres
s'amusent à dessiner au bas de leurs pierres lithogra-
475 phiques[2] en causant avec leurs amis.
En voyant l'avoué, l'inconnu tressaillit par un mouvement convulsif semblable à celui qui échappe aux poètes
quand un bruit inattendu vient les détourner d'une
féconde rêverie, au milieu du silence et de la nuit. Le
480 vieillard se découvrit promptement et se leva pour saluer
le jeune homme ; le cuir qui garnissait l'intérieur de son
chapeau étant sans doute fort gras, sa perruque y resta
collée sans qu'il s'en aperçût, et laissa voir à nu son
crâne horriblement mutilé par une cicatrice transversale
485 qui prenait à l'occiput[3] et venait mourir à l'œil droit, en
formant partout une grosse couture saillante. L'enlève-
ment soudain de cette perruque sale que le pauvre
homme portait pour cacher sa blessure, ne donna nulle
envie de rire aux deux gens de loi, tant ce crâne fendu
490 était épouvantable à voir. La première pensée que sugge-
rait l'aspect de cette blessure était celle-ci : « Par là s'est
enfuie l'intelligence ! »
« Si ce n'est pas le colonel Chabert, ce doit être un fier
troupier[4] ! pensa Boucard.

---

1. *idiotisme* : « état d'un idiot, d'une personne dépourvue d'intelligence. En médecine, absence congénitale de l'intelligence » (Littré) ; le mot n'a pas ici le sens de
« particularité linguistique ».
2. *pierres lithographiques* : pierres qui servent à la reproduction (ici, de dessins).
3. *occiput* : partie postérieure et inférieure de la tête.
4. *troupier* : soldat, homme de la troupe.

495   – Monsieur, lui dit Derville, à qui ai-je l'honneur de parler ?

      – Au colonel Chabert.

      – Lequel[1] ?

      – Celui qui est mort à Eylau », répondit le vieillard.

500   En entendant cette singulière phrase, le clerc• et l'avoué•
se jetèrent un regard qui signifiait : « C'est un fou ! »

    « Monsieur, reprit le colonel, je désirerais ne confier qu'à
vous le secret de ma situation. »

    Une chose digne de remarque est l'intrépidité naturelle

505 aux avoués. Soit l'habitude de recevoir un grand nombre
de personnes, soit le profond sentiment de la protection
que les lois leur accordent, soit confiance en leur ministère[2], ils entrent partout sans rien craindre, comme les
prêtres et les médecins. Derville fit un signe à Boucard,

510 qui disparut.

    « Monsieur, reprit l'avoué, pendant le jour je ne suis pas
trop avare de mon temps ; mais au milieu de la nuit les
minutes me sont précieuses. Ainsi, soyez bref et concis.
Allez au fait sans digression. Je vous demanderai moi-

515 même les éclaircissements qui me sembleront nécessaires. Parlez. »

    Après avoir fait asseoir son singulier client, le jeune
homme s'assit lui-même devant la table ; mais, tout en
prêtant son attention au discours du feu[3] colonel, il feuil-

520 leta ses dossiers.

    « Monsieur, dit le défunt, peut-être savez-vous que je
commandais un régiment de cavalerie à Eylau. J'ai été
pour beaucoup dans le succès de la célèbre charge que fit
Murat, et qui décida le gain de la bataille. Malheureuse-

525 ment pour moi, ma mort est un fait historique consigné
dans les *Victoires et conquêtes*[4], où elle est rapportée en
détail. Nous fendîmes en deux les trois lignes russes, qui,

---

1. *Lequel ?* : il y avait eu en effet plusieurs Chabert dans l'armée impériale.
2. *ministère* : fonction, charge.
3. *feu* : défunt (Balzac joue à plusieurs reprises de tels rapprochements).
4. *Victoires et conquêtes* (revers et guerres civiles des Français de 1792 à 1815 par une société de militaires et de gens de lettres) : cet ouvrage en 29 volumes, paru de 1817 à 1823, et plusieurs fois réédité, est l'une des sources du mythe napoléonien.

s'étant aussitôt reformées, nous obligèrent à les retraver-
ser en sens contraire. Au moment où nous revenions vers
530 l'Empereur, après avoir dispersé les Russes, je rencontrai
un gros de cavalerie ennemie. Je me précipitai sur ces
entêtés-là. Deux officiers russes, deux vrais géants, m'at-
taquèrent à la fois. L'un d'eux m'appliqua sur la tête un
coup de sabre qui fendit tout jusqu'à un bonnet de soie
535 noire que j'avais sur la tête, et m'ouvrit profondément le
crâne. Je tombai de cheval. Murat vint à mon secours, il
me passa sur le corps, lui et tout son monde, quinze cents
hommes, excusez du peu ! Ma mort fut annoncée à l'Empereur, qui, par prudence (il m'aimait un peu, le patron !),
540 voulut savoir s'il n'y aurait pas quelque chance de sauver
l'homme auquel il était redevable de cette vigoureuse
attaque. Il envoya, pour me reconnaître et me rapporter
aux ambulances, deux chirurgiens en leur disant, peut-
être trop négligemment, car il avait de l'ouvrage : « Allez
545 donc voir si, par hasard, mon pauvre Chabert vit
encore. » Ces sacrés carabins, qui venaient de me voir
foulé aux pieds par les chevaux de deux régiments, se
dispensèrent sans doute de me tâter le pouls et dirent que
j'étais bien mort. L'acte de mon décès fut donc probable-
550 ment dressé d'après les règles établies par la jurispru-
dence• militaire. »
En entendant son client s'exprimer avec une lucidité
parfaite et raconter des faits si vraisemblables, quoique
étranges, le jeune avoué• laissa ses dossiers, posa son
555 coude gauche sur la table, se mit la tête dans la main, et
regarda le colonel fixement.
« Savez-vous, monsieur, lui dit-il en l'interrompant, que
je suis l'avoué de la comtesse Ferraud, veuve du colonel
Chabert ?
560 – Ma femme ! Oui, monsieur. Aussi, après cent
démarches infructueuses chez des gens de loi qui m'ont
tous pris pour un fou, me suis-je déterminé à venir vous
trouver. Je vous parlerai de mes malheurs plus tard. Laissez-moi d'abord vous établir les faits, vous expliquer plu-
565 tôt comme ils ont dû se passer, que comme ils sont
arrivés. Certaines circonstances, qui ne doivent être
connues que du Père éternel, m'obligent à en présenter
plusieurs comme des hypothèses. Donc monsieur, les

blessures que j'ai reçues auront probablement produit un
570 tétanos[1], ou m'auront mis dans une crise analogue à une
maladie nommée, je crois, catalepsie•. Autrement comment concevoir que j'aie été, suivant l'usage de la guerre,
dépouillé de mes vêtements, et jeté dans la fosse aux
soldats par les gens chargés d'enterrer les morts ? Ici,
575 permettez-moi de placer un détail que je n'ai pu
connaître que postérieurement à l'événement qu'il faut
bien appeler ma mort. J'ai rencontré, en 1814, à Stuttgart
un ancien maréchal des logis• de mon régiment. Ce cher
homme, le seul qui ait voulu me reconnaître, et de qui je
580 vous parlerai tout à l'heure, m'expliqua le phénomène de
ma conservation, en me disant que mon cheval avait reçu
un boulet dans le flanc au moment où je fus blessé moi-
même. La bête et le cavalier s'étaient donc abattus
comme des capucins de cartes[2]. En me renversant, soit à
585 droite, soit à gauche, j'avais été sans doute couvert par le
corps de mon cheval qui m'empêcha d'être écrasé par les
chevaux, ou atteint par des boulets. Lorsque je revins à
moi, monsieur, j'étais dans une position et dans une
atmosphère dont je ne vous donnerais pas une idée en
590 vous en entretenant jusqu'à demain. Le peu d'air que je
respirais était méphitique[3]. Je voulus me mouvoir, et ne
trouvai point d'espace. En ouvrant les yeux, je ne vis rien.
La rareté de l'air fut l'accident le plus menaçant, et qui
m'éclaira le plus vivement sur ma position. Je compris
595 que là où j'étais, l'air ne se renouvelait point, et que
j'allais mourir. Cette pensée m'ôta le sentiment de la
douleur inexprimable par laquelle j'avais été réveillé. Mes
oreilles tintèrent violemment. J'entendis, ou crus
entendre, je ne veux rien affirmer, des gémissements
600 poussés par le monde de cadavres au milieu duquel je

---

1. *tétanos* : « maladie caractérisée par la rigidité, la tension convulsive d'un plus ou
moins grand nombre de muscles » (Littré).
2. *des capucins de cartes* : « cartes que les enfants plient longitudinalement pour les
faire tenir droites ; ces capucins, rangés à la file, tombent les uns sur les autres quand
on fait tomber le premier ; de là la locution "tomber comme des capucins de
cartes" » (Littré). Les cartes pliées et entaillées ont la forme des capuchons (ou
capuces) des moines.
3. *méphitique* : « qui est à la fois asphyxiant ou toxique, et puant » (Littré).

gisais. Quoique la mémoire de ces moments soit bien
ténébreuse, quoique mes souvenirs soient bien confus,
malgré les impressions de souffrances encore plus profondes que je devais éprouver et qui ont brouillé mes
605 idées, il y a des nuits où je crois encore entendre ces
soupirs étouffés ! Mais il y a eu quelque chose de plus
horrible que les cris, un silence que je n'ai jamais retrouvé
nulle part, le vrai silence du tombeau. Enfin, en levant les
mains, en tâtant les morts, je reconnus un vide entre ma
610 tête et le fumier humain supérieur. Je pus donc mesurer
l'espace qui m'avait été laissé par un hasard dont la cause
m'était inconnue. Il paraît, grâce à l'insouciance ou à la
précipitation avec laquelle on nous avait jetés pêle-mêle,
que deux morts s'étaient croisés au-dessus de moi de
615 manière à décrire un angle semblable à celui de deux
cartes mises l'une contre l'autre par un enfant qui pose
les fondements d'un château. En furetant avec promptit-
tude, car il ne fallait pas flâner, je rencontrai fort heureusement un bras qui ne tenait à rien, le bras d'un
620 Hercule ! un bon os auquel je dus mon salut. Sans ce
secours inespéré, je périssais ! Mais, avec une rage que
vous devez concevoir, je me mis à travailler les cadavres
qui me séparaient de la couche de terre sans doute jetée
sur nous, je dis nous, comme s'il y eût eu des vivants ! J'y
625 allais ferme, monsieur, car me voici ! Mais je ne sais pas
aujourd'hui comment j'ai pu parvenir à percer la couverture de chair qui mettait une barrière entre la vie et moi.
Vous me direz que j'avais trois bras ! Ce levier, dont je me
servais avec habileté, me procurait toujours un peu de
630 l'air qui se trouvait entre les cadavres que je déplaçais, et
je ménageais mes aspirations. Enfin je vis le jour, mais à
travers la neige, monsieur ! En ce moment, je m'aperçus
que j'avais la tête ouverte. Par bonheur, mon sang, celui
de mes camarades ou la peau meurtrie de mon cheval
635 peut-être, que sais-je ! m'avait, en se coagulant, comme
enduit d'un emplâtre[1] naturel. Malgré cette croûte, je

---

1. *emplâtre* : préparation médicale qui, se ramollissant sous l'effet de la chaleur,
finit par adhérer à la partie malade.

m'évanouis quand mon crâne fut en contact avec la neige. Cependant, le peu de chaleur qui me restait ayant fait fondre la neige autour de moi, je me trouvai, quand je
640 repris connaissance, au centre d'une petite ouverture par laquelle je criai aussi longtemps que je le pus. Mais alors le soleil se levait, j'avais donc bien peu de chances pour être entendu. Y avait-il déjà du monde aux champs ? Je me haussais en faisant de mes pieds un ressort dont le
645 point d'appui était sur les défunts qui avaient les reins solides. Vous sentez que ce n'était pas le moment de leur dire : *Respect au courage malheureux !*[1] Bref, monsieur, après avoir eu la douleur, si le mot peut rendre ma rage, de voir pendant longtemps, oh ! oui, longtemps ! ces
650 sacrés Allemands se sauver en entendant une voix là où ils n'apercevaient point d'homme, je fus enfin dégagé par une femme assez hardie ou assez curieuse pour s'approcher de ma tête qui semblait avoir poussé hors de terre comme un champignon. Cette femme alla chercher son
655 mari, et tous deux me transportèrent dans leur pauvre baraque. Il paraît que j'eus une rechute de catalepsie•, passez-moi cette expression pour vous peindre un état duquel je n'ai nulle idée, mais que j'ai jugé, sur les dires de mes hôtes, devoir être un effet de cette maladie. Je suis
660 resté pendant six mois entre la vie et la mort, ne parlant pas, ou déraisonnant quand je parlais. Enfin mes hôtes me firent admettre à l'hôpital d'Heilsberg[2]. Vous comprenez, monsieur, que j'étais sorti du ventre de la fosse aussi nu que de celui de ma mère ; en sorte que six mois après,
665 quand, un beau matin, je me souvins d'avoir été le colonel Chabert, et qu'en recouvrant ma raison je voulus obtenir de ma garde plus de respect qu'elle n'en accordait à un pauvre diable, tous mes camarades de chambrée se mirent à rire. Heureusement pour moi, le chirurgien
670 avait répondu, par amour-propre, de ma guérison, et s'était naturellement intéressé à son malade. Lorsque je

---

1. *Respect au courage malheureux !* : mot célèbre de Napoléon.
2. *Heilsberg* : ville de Prusse-Orientale à une trentaine de kilomètres d'Eylau. Le 11 juin 1807, quatre mois après Eylau, les Français y vainquirent les Russes.

lui parlai d'une manière suivie de mon ancienne existence, ce brave homme, nommé Sparchmann, fit constater, dans les formes juridiques voulues par le droit du
675 pays, la manière miraculeuse dont j'étais sorti de la fosse des morts, le jour et l'heure où j'avais été trouvé par ma bienfaitrice et par son mari ; le genre, la position exacte de mes blessures, en joignant à ces différents procès-verbaux une description de ma personne. Eh bien, mon-
680 sieur, je n'ai ni ces pièces importantes, ni la déclaration que j'ai faite chez un notaire d'Heilsberg, en vue d'établir mon identité ! Depuis le jour où je fus chassé de cette ville par les événements de la guerre, j'ai constamment erré comme un vagabond, mendiant mon pain, traité de fou
685 lorsque je racontais mon aventure, et sans avoir ni trouvé, ni gagné un sou pour me procurer les actes qui pouvaient prouver mes dires, et me rendre à la vie sociale. Souvent, mes douleurs me retenaient durant des semestres entiers dans de petites villes où l'on prodiguait des soins au
690 Français malade, mais où l'on riait au nez de cet homme dès qu'il prétendait être le colonel Chabert. Pendant longtemps ces rires, ces doutes me mettaient dans une fureur qui me nuisit et me fit même enfermer comme fou à Stuttgart. À la vérité, vous pouvez juger, d'après mon
695 récit, qu'il y avait des raisons suffisantes pour faire coffrer un homme ! Après deux ans de détention que je fus obligé de subir, après avoir entendu mille fois mes gardiens disant : « Voilà un pauvre homme qui croit être le colonel Chabert ! » à des gens qui répondaient : « Le pauvre
700 homme ! » je fus convaincu de l'impossibilité de ma propre aventure, je devins triste, résigné, tranquille, et renonçai à me dire le colonel Chabert, afin de pouvoir sortir de prison et revoir la France. Oh ! monsieur, revoir Paris ! c'était un délire que je ne... »
705 À cette phrase inachevée, le colonel Chabert tomba dans une rêverie profonde que Derville respecta.
« Monsieur, un beau jour, reprit le client, un jour de printemps, on me donna la clef des champs et dix thalers[1],

---

1. *dix thalers* : un thaler valait environ trois Marks.

710 sous prétexte que je parlais très sensément sur toutes
sortes de sujets et que je ne me disais plus le colonel
Chabert. Ma foi, vers cette époque, et encore aujourd'hui,
par moments, mon nom m'est désagréable. Je voudrais
n'être pas moi. Le sentiment de mes droits me tue. Si ma
maladie m'avait ôté tout souvenir de mon existence pas-
715 sée, j'aurais été heureux ! J'eusse repris du service sous
un nom quelconque, et qui sait ? je serais peut-être
devenu feld-maréchal¹ en Autriche ou en Russie.

— Monsieur, dit l'avoué•, vous brouillez toutes mes idées.
Je crois rêver en vous écoutant. De grâce, arrêtons-nous
720 pendant un moment.

— Vous êtes, dit le colonel d'un air mélancolique, la seule
personne qui m'ait si patiemment écouté. Aucun homme
de loi n'a voulu m'avancer dix napoléons² afin de faire
venir d'Allemagne les pièces nécessaires pour commen-
725 cer mon procès...

— Quel procès ? dit l'avoué, qui oubliait la situation dou-
loureuse de son client en entendant le récit de ses
misères passées.

— Mais, monsieur, la comtesse Ferraud n'est-elle pas ma
730 femme ! Elle possède trente mille livres de rente³ qui
m'appartiennent, et ne veut pas me donner deux liards⁴.
Quand je dis ces choses à des avoués, à des hommes de
bon sens ; quand je propose, moi, mendiant, de plaider
contre un comte et une comtesse ; quand je m'élève, moi,
735 mort, contre un acte• de décès, un acte de mariage et des
actes de naissance, ils m'éconduisent, suivant leur caractère, soit avec cet air froidement poli que vous savez
prendre pour vous débarrasser d'un malheureux, soit

---

1. *feld-maréchal* : grade le plus élevé des armées autrichienne et russe, équivalent
de maréchal ; à la différence des soldats de métier de l'Ancien Régime, Chabert,
« enfant de l'Empereur », ne conçoit pas de servir sous différents drapeaux... à moins
d'avoir perdu la mémoire !
2. *napoléons* : pièces d'or de vingt ou de quarante francs à l'effigie de Napoléon ;
pièce toujours en cours, le napoléon vaut aujourd'hui environ 400 F.
3. *trente mille livres de rente* : un revenu annuel équivalant à une petite fortune
aujourd'hui (cf. « ARGENT », in *Index thématique*, en annexes).
4. *deux liards* : le liard était une petite monnaie de cuivre qui valait trois deniers, le
quart d'un sou ; très petite somme.

740 brutalement, en gens qui croient rencontrer un intrigant ou un fou. J'ai été enterré sous des morts, mais maintenant je suis enterré sous des vivants, sous des actes•, sous des faits, sous la société tout entière, qui veut me faire rentrer sous terre !

– Monsieur, veuillez poursuivre maintenant, dit l'avoué•.

745 – *Veuillez*, s'écria le malheureux vieillard en prenant la main du jeune homme, voilà le premier mot de politesse que j'entends depuis... »

Le colonel pleura. La reconnaissance étouffa sa voix. Cette pénétrante et indicible éloquence qui est dans le 750 regard, dans le geste, dans le silence même, acheva de convaincre Derville et le toucha vivement.

« Écoutez, monsieur, dit-il à son client, j'ai gagné ce soir trois cents francs au jeu ; je puis bien employer la moitié de cette somme à faire le bonheur d'un homme. Je 755 commencerai les poursuites• et diligences• nécessaires pour vous procurer les pièces• dont vous me parlez, et jusqu'à leur arrivée je vous remettrai cent sous par jour. Si vous êtes le colonel Chabert, vous saurez pardonner la modicité du prêt à un jeune homme qui a sa fortune à 760 faire[1]. Poursuivez. »

Le prétendu colonel resta pendant un moment immobile et stupéfait : son extrême malheur avait sans doute détruit ses croyances. S'il courait après son illustration militaire, après sa fortune, après lui-même, peut-être était-ce pour 765 obéir à ce sentiment inexplicable, en germe dans le cœur de tous les hommes, et auquel nous devons les recherches des alchimistes, la passion de la gloire, les découvertes de l'astronomie, de la physique, tout ce qui pousse l'homme à se grandir en se multipliant par les faits ou par les idées. 770 L'*ego*, dans sa pensée, n'était plus qu'un objet secondaire, de même que la vanité du triomphe ou le plaisir du gain deviennent plus chers au parieur que ne l'est l'objet du

---

1. *un jeune homme qui a sa fortune à faire* : «*mot d'ordre du XIXe où les professions libérales l'emportent sur les professions salariées (dans lesquelles on ne fait pas fortune mais carrière). Mot d'ordre balzacien [...] qui est un mot d'ordre plébéien ([il] oppose, ici par exemple le héros à ceux dont la fortune, héritée, est déjà faite.* » (P. Barberis, cf. bibliographie).

pari. Les paroles du jeune avoué• furent donc comme un miracle pour cet homme rebuté pendant dix années par
775 sa femme, par la justice, par la création sociale entière. Trouver chez un avoué ces dix pièces d'or qui lui avaient été refusées pendant si longtemps, par tant de personnes et de tant de manières ! Le colonel ressemblait à cette dame qui, ayant eu la fièvre durant quinze années, crut
780 avoir changé de maladie le jour où elle fut guérie. Il est des félicités auxquelles on ne croit plus ; elles arrivent, c'est la foudre, elles consument. Aussi la reconnaissance du pauvre homme était-elle trop vive pour qu'il pût l'exprimer. Il eût paru froid aux gens superficiels, mais Derville
785 devina toute une probité dans cette stupeur. Un fripon aurait eu de la voix.

« Où en étais-je ? dit le colonel avec la naïveté d'un enfant ou d'un soldat, car il y a souvent de l'enfant dans le vrai soldat, et presque toujours du soldat chez l'enfant, surtout
790 en France.

– À Stuttgart. Vous sortiez de prison, répondit l'avoué.

– Vous connaissez ma femme ? demanda le colonel.

– Oui, répliqua Derville en inclinant la tête.

– Comment est-elle ?
795 – Toujours ravissante. »

Le vieillard fit un signe de main, et parut dévorer quelque secrète douleur avec cette résignation grave et solennelle qui caractérise les hommes éprouvés dans le sang et le feu des champs de bataille.
800 « Monsieur », dit-il avec une sorte de gaieté ; car il respirait, ce pauvre colonel, il sortait une seconde fois de la tombe, il venait de fondre une couche de neige moins soluble que celle qui jadis lui avait glacé la tête, et il aspirait l'air comme s'il quittait un cachot. « Monsieur,
805 dit-il, si j'avais été joli garçon, aucun de mes malheurs ne me serait arrivé. Les femmes croient les gens quand ils farcissent leurs phrases du mot amour. Alors elles trottent, elles vont, elles se mettent en quatre, elles intriguent, elles affirment les faits, elles font le diable[1]

---

1. *elles font le diable* : « se donner beaucoup de mouvement pour une chose » (Littré).

810 pour celui qui leur plaît. Comment aurais-je pu intéresser une femme ? j'avais une face de *requiem*[1], j'étais vêtu
comme un sans-culotte, je ressemblais plutôt à un
Esquimau qu'à un Français, moi qui jadis passais pour le
plus joli des muscadins[2], en 1799 ! moi, Chabert, comte
815 de l'Empire ! Enfin, le jour même où l'on me jeta sur le
pavé comme un chien, je rencontrai le maréchal des
logis* de qui je vous ai déjà parlé. Le camarade se nommait Boutin. Le pauvre diable et moi faisions la plus
belle paire de rosses[3] que j'aie jamais vue ; je l'aperçus à
820 la promenade, si je le reconnus, il lui fut impossible de
deviner qui j'étais. Nous allâmes ensemble dans un
cabaret. Là, quand je me nommai, la bouche de Boutin
se fendit en éclats de rire comme un mortier[4] qui crève.
Cette gaieté, monsieur, me causa l'un de mes plus vifs
825 chagrins ! Elle me révélait sans fard tous les changements qui étaient survenus en moi ! J'étais donc
méconnaissable, même pour l'œil du plus humble et du
plus reconnaissant de mes amis ! jadis j'avais sauvé la vie
à Boutin, mais c'était une revanche que je lui devais. Je
830 ne vous dirai pas comment il me rendit ce service. La
scène eut lieu en Italie, à Ravenne. La maison où Boutin
m'empêcha d'être poignardé n'était pas une maison fort
décente. À cette époque je n'étais pas colonel, j'étais
simple cavalier, comme Boutin. Heureusement cette his-
835 toire comportait des détails qui ne pouvaient être
connus que de nous seuls ; et, quand je les lui rappelai,
son incrédulité diminua. Puis je lui contai les accidents
de ma bizarre existence. Quoique mes yeux, ma voix
fussent, me dit-il, singulièrement altérés, que je n'eusse
840 plus ni cheveux, ni dents, ni sourcils, que je fusse blanc

---

1. *une face de «requiem»* : une figure d'enterrement... ou de mort.
2. *muscadins* : «hommes qui affectent une grande recherche dans leur costume, et aussi qui font abus des parfums» (Littré) ; ils furent aussi des adversaires actifs des Jacobins après le 9 Thermidor (1794).
3. *rosses* : une rosse est un «cheval sans force, sans vigueur. [...] Se dit [aussi] par injure des personnes» (Littré).
4. *mortier* : pièce d'artillerie servant à lancer des obus.

comme un albinos[1], il finit par retrouver son colonel dans le mendiant, après mille interrogations auxquelles je répondis victorieusement. Il me raconta ses aventures, elles n'étaient pas moins extraordinaires que les
845   miennes : il revenait des confins de la Chine, où il avait voulu pénétrer après s'être échappé de la Sibérie. Il m'apprit les désastres de la campagne de Russie et la première abdication de Napoléon. Cette nouvelle est une des choses qui m'ont fait le plus de mal ! Nous
850   étions deux débris curieux après avoir ainsi roulé sur le globe comme roulent dans l'Océan les cailloux emportés d'un rivage à l'autre par les tempêtes. À nous deux nous avions vu l'Égypte, la Syrie, l'Espagne, la Russie, la Hollande, l'Allemagne, l'Italie, la Dalmatie, l'Angleterre, la
855   Chine, la Tartarie, la Sibérie ; il ne nous manquait que d'être allés dans les Indes et en Amérique ! Enfin, plus ingambe[2] que je ne l'étais, Boutin se chargea d'aller à Paris le plus lestement possible afin d'instruire ma femme de l'état dans lequel je me trouvais. J'écrivis à
860   Mme Chabert une lettre bien détaillée. C'était la quatrième, monsieur ! si j'avais eu des parents, tout cela ne serait peut-être pas arrivé ; mais, il faut vous l'avouer, je suis un enfant d'hôpital[3], un soldat qui pour patrimoine avait son courage, pour famille tout le monde, pour
865   patrie la France, pour tout protecteur le bon Dieu. Je me trompe ! j'avais un père, l'Empereur ! Ah ! s'il était debout, le cher homme ! et qu'il vît *son Chabert,* comme il me nommait, dans l'état où je suis, mais il se mettrait en colère. Que voulez-vous ! notre soleil s'est couché,
870   nous avons tous froid maintenant[4]. Après tout, les événements politiques pouvaient justifier le silence de ma femme ! Boutin partit. Il était bien heureux, lui ! Il avait

---

1. *albinos* : homme souffrant d'une anomalie congénitale qui consiste dans la diminution ou même l'absence de pigmentation.
2. *ingambe* : bien en jambes, alerte, qui peut aller et venir.
3. *un enfant d'hôpital* : un enfant trouvé.
4. *notre soleil [...] froid maintenant* : l'action se déroule en 1818, trois ans avant la mort de Napoléon, mais Balzac écrit en 1832... et Chabert pense aux défaites politiques et militaires de l'Empereur.

deux ours blancs supérieurement dressés qui le faisaient
vivre. Je ne pouvais l'accompagner ; mes douleurs ne me
875 permettaient pas de faire de longues étapes. Je pleurai,
monsieur, quand nous nous séparâmes, après avoir marché aussi longtemps que mon état put me le permettre
en compagnie de ses ours et de lui. À Carlsruhe j'eus un
accès de névralgie à la tête, et restai six semaines sur la
880 paille dans une auberge ! Je ne finirais pas, monsieur, s'il
fallait vous raconter tous les malheurs de ma vie de mendiant. Les souffrances morales, auprès desquelles
pâlissent les douleurs physiques, excitent cependant
moins de pitié, parce qu'on ne les voit point. Je me
885 souviens d'avoir pleuré devant un hôtel de Strasbourg où
j'avais donné jadis une fête[1], et où je n'obtins rien, pas
même un morceau de pain. Ayant déterminé de concert
avec Boutin l'itinéraire que je devais suivre, j'allais à
chaque bureau de poste demander s'il y avait une lettre
890 et de l'argent pour moi. Je vins jusqu'à Paris sans avoir
rien trouvé. Combien de désespoirs ne m'a-t-il pas fallu
dévorer ! "Boutin sera mort", me disais-je. En effet, le
pauvre diable avait succombé à Waterloo. J'appris sa
mort plus tard et par hasard. Sa mission auprès de ma
895 femme fut sans doute infructueuse. Enfin j'entrai dans
Paris en même temps que les Cosaques[2]. Pour moi
c'était douleur sur douleur. En voyant les Russes en
France, je ne pensais plus que je n'avais ni souliers aux
pieds ni argent dans ma poche. Oui, monsieur, mes
900 vêtements étaient en lambeaux. La veille de mon arrivée
je fus forcé de bivouaquer[3] dans les bois de Claye. La
fraîcheur de la nuit me causa sans doute un accès de je
ne sais quelle maladie, qui me prit quand je traversai le
faubourg Saint-Martin. Je tombai presque évanoui à la
905 porte d'un marchand de fer. Quand je me réveillai,

---

1. *où [...] fête* : « *Chabert a été aussi un profiteur du grand élan révolutionnaire. D'où l'ouverture d'un sens : aujourd'hui bourgeois dépossédé, Chabert était, dès l'origine et bien qu'enfant trouvé, un bourgeois.* » (P. Barberis, cf. bibliographie.)
2. Le 6 juillet 1815, huit ans après Eylau.
3. *bivouaquer* : passer une nuit en plein air (les bois de Claye se trouvent à 25 km à l'est de Paris) en installant un bivouac (cf. note 2, p. 55).

j'étais dans un lit à l'Hôtel-Dieu[1]. Là, je restai pendant un mois assez heureux. Je fus bientôt renvoyé. J'étais sans argent, mais bien portant et sur le bon pavé de Paris. Avec quelle joie et quelle promptitude j'allai rue du Mont-Blanc, où ma femme devait être logée dans un hôtel à moi! Bah! la rue du Mont-Blanc était devenue la rue de la Chaussée-d'Antin. Je n'y vis plus mon hôtel, il avait été vendu, démoli. Des spéculateurs avaient bâti plusieurs maisons dans mes jardins. Ignorant que ma femme fût mariée à M. Ferraud, je ne pouvais obtenir aucun renseignement. Enfin, je me rendis chez un vieil avocat qui jadis était chargé de mes affaires. Le bonhomme était mort après avoir cédé sa clientèle à un jeune homme. Celui-ci m'apprit, à mon grand étonnement, l'ouverture de ma succession, sa liquidation•, le mariage de ma femme et la naissance de ses deux enfants. Quand je lui dis être le colonel Chabert, il se mit à rire si franchement que je le quittai sans lui faire la moindre observation. Ma détention de Stuttgart me fit songer à Charenton[2], et je résolus d'agir avec prudence. Alors, monsieur, sachant où demeurait ma femme, je m'acheminai vers son hôtel[3], le cœur plein d'espoir. Eh bien, dit le colonel avec un mouvement de rage concentrée, je n'ai pas été reçu lorsque je me fis annoncer sous un nom d'emprunt, et le jour où je pris le mien je fus consigné à sa porte. Pour voir la comtesse rentrant du bal ou du spectacle, au matin, je suis resté pendant des nuits entières collé contre la borne de sa porte cochère. Mon regard plongeait dans cette voiture qui passait devant mes yeux avec la rapidité de l'éclair, et où j'entrevoyais à peine cette femme qui est mienne et qui n'est plus à moi! Oh! dès ce jour j'ai vécu pour la vengeance, s'écria le vieillard d'une voix sourde en se dressant tout à coup devant Derville. Elle sait que j'existe; elle a reçu de moi, depuis mon retour, deux lettres écrites par moi-

---

1. *L'Hôtel-Dieu* : le plus ancien hôpital parisien, près de Notre-Dame.
2. *Charenton* : établissement psychiatrique, déjà célèbre en 1832.
3. *hôtel* : maison somptueuse.

même. Elle ne m'aime plus! Moi, j'ignore si je l'aime ou
si je la déteste! je la désire et la maudis tour à tour. Elle
me doit sa fortune, son bonheur; eh bien, elle ne m'a
pas seulement fait parvenir le plus léger secours! Par
945 moments je ne sais plus que devenir!»

À ces mots, le vieux soldat retomba sur sa chaise, et
redevint immobile. Derville resta silencieux, occupé à
contempler son client.

«L'affaire• est grave, dit-il enfin machinalement. Même
950 en admettant l'authenticité des pièces qui doivent se
trouver à Heilsberg, il ne m'est pas prouvé que nous
puissions triompher tout d'abord. Le procès ira successivement devant trois tribunaux. Il faut réfléchir à tête
reposée sur une semblable cause•, elle est tout excep-
955 tionnelle.

– Oh! répondit froidement le colonel en relevant la tête
par un mouvement de fierté, si je succombe, je saurai
mourir, mais en compagnie.»

Là, le vieillard avait disparu. Les yeux de l'homme éner-
960 gique brillaient rallumés aux feux du désir et de la vengeance.

«Il faudra peut-être transiger•, dit l'avoué.

– Transiger, répéta le colonel Chabert. Suis-je mort ou
suis-je vivant[1]?

965 – Monsieur, reprit l'avoué•, vous suivrez, je l'espère,
mes conseils. Votre cause sera ma cause. Vous vous
apercevrez bientôt de l'intérêt que je prends à votre
situation, presque sans exemple dans les fastes• judiciaires. En attendant, je vais vous donner un mot pour
970 mon notaire, qui vous remettra, sur votre quittance•,
cinquante francs tous les dix jours. Il ne serait pas
convenable que vous vinssiez chercher ici des secours.
Si vous êtes le colonel Chabert, vous ne devez être à la
merci de personne. Je donnerai à ces avances la forme

---

1. *Suis-je mort ou suis-je vivant?* : Balzac avait d'abord écrit : «*Suis-je ou ne suis-je
pas?* Pierre Citron (cf. bibliographie) commente ainsi la correction : «*Balzac corrige
ici une expression qui avait le double tort de citer un peu trop littéralement Shakespeare,
et de réincarner Hamlet dans un personnage très différent de lui : l'écrivain conquiert sa
maîtrise en se libérant de ses maîtres.*»

975 d'un prêt. Vous avez des biens à recouvrer[1], vous êtes
riche. »
Cette dernière délicatesse arracha des larmes au vieillard. Derville se leva brusquement, car il n'était peut-
être pas de costume[2] qu'un avoué• parût s'émouvoir ; il
980 passa dans son cabinet•, d'où il revint avec une lettre
non cachetée qu'il remit au comte Chabert. Lorsque le
pauvre homme la tint entre ses doigts, il sentit deux
pièces d'or à travers le papier.
« Voulez-vous me désigner les actes•, me donner le nom
985 de la ville, du royaume ? » dit l'avoué.
Le colonel dicta les renseignements en vérifiant l'ortho-
graphe des noms de lieux ; puis il prit son chapeau d'une
main, regarda Derville, lui tendit l'autre main, une main
calleuse, et lui dit d'une voix simple : « Ma foi, monsieur,
990 après l'Empereur, vous êtes l'homme auquel je devrai le
plus ! Vous êtes *un brave.* »
L'avoué frappa dans la main du colonel, le reconduisit
jusque sur l'escalier et l'éclaira.
« Boucard, dit Derville à son Maître clerc•, je viens
995 d'entendre une histoire qui me coûtera peut-être vingt-
cinq louis. Si je suis volé, je ne regretterai pas mon
argent, j'aurai vu le plus habile comédien de notre
époque. »
Quand le colonel se trouva dans la rue et devant un
1000 réverbère, il retira de la lettre les deux pièces de vingt
francs que l'avoué lui avait données, et les regarda pendant un moment à la lumière. Il revoyait de l'or pour la
première fois depuis neuf ans.
« Je vais donc pouvoir fumer des cigares, » se dit-il.

---

1. *recouvrer* : récupérer.
2. *costume* : archaïsme, pour « coutume ».

Questions

Compréhension

1. *Caractérisez maître Derville par trois adjectifs, en illustrant chacun à l'aide d'une brève citation. En quoi l'avoué peut-il être assimilé au lecteur ? Au romancier ? Balzac nous oblige-t-il ainsi à prendre parti ?*

2. *Indépendamment du titre, considérez-vous désormais le colonel Chabert comme le personnage principal du roman ? Pour quelles raisons ?*

3. *Que symbolise le colonel Chabert ? Avant de répondre, réfléchissez aux significations de l'expression « être reconnu ». Mettez en parallèle les épreuves militaires et civiles du héros. Que remarquez-vous ?*

4. *Par qui la comtesse Ferraud est-elle présentée ? Mettez-vous en doute son portrait ? Pour quelles raisons ? Qu'en concluez-vous ?*

5. *Quelle image Balzac donne-t-il de Napoléon ? De ses soldats ? De ses batailles ? Le romancier partage-t-il à leur sujet les sentiments de son héros ?*

6. *L'intrigue est-elle lancée ? Se réduit-elle à des enjeux sentimentaux ? Par quel échange la suite du roman est-elle annoncée ?*

7. *Balzac a progressivement confondu deux univers, théoriquement distincts : lesquels ? De quelle manière ? En quoi symbolisent-ils l'incompatibilité du passé et du présent ?*

8. *Dans l'édition de 1835, le roman comportait trois parties ; la première, qui s'achevait avec notre deuxième passage, s'intitulait* Une étude d'avoué. *Trouvez-vous ce titre judicieux ? Que lui reprocheriez-vous ?*

Écriture

9. *En quoi ce passage constitue-t-il une nouvelle scène* ? Relevez les moyens qui assurent son unité avec la première.*

10. *Sous quel(s) point(s) de vue* Balzac développe-t-il le portrait du colonel (cf., l. 436-475, « Le colonel Chabert était aussi parfaitement immobile [...] en causant avec leurs amis ») ? Dans quel(s) but(s) ?*

11. *De quelle manière le regard du lecteur y est-il sollicité ?*

12. *Par quel(s) contraste(s) le romancier y dépasse-t-il une vision réaliste ? Quel champ* lexical confirme cette idée ?*

13. *Le récit du colonel obéit-il à une progression logique et chronologique ? Notez-en les étapes.*

14. *Le discours de Chabert est-il pathétique ? Et la scène ? Qu'en concluez-vous ?*

15. *Relevez une antithèse qui résume les sentiments de Chabert à l'égard de sa femme.*

16. *Quelles figures* expriment le culte voué à Napoléon par ses soldats ?*

17. *Commentez la phrase : « J'ai été enterré sous des morts, mais maintenant je suis enterré sous des vivants, sous des actes, sous des faits, sous la société tout entière, qui veut me faire rentrer sous terre ! » (l. 740). (Si vous avez déjà lu le roman, montrez comment Balzac réussit à confondre ici image obsédante et enjeux politiques, narration et Histoire).*

18. *Quels passages vous semblent illustrer l'idée que le colonel, privé d'identité, ne serait littéralement plus personne ? Commentez-les rapidement.*

Mise en scène / Mise en perspective

19. *Après vous être documenté sur la phrénologie et sur la physiognomonie, demandez-vous si Balzac cherche à en appliquer les principes dans son roman.*

20. *Constituez un dossier iconographique pour illustrer Le Colonel Chabert :*
a) consacrez une première chemise aux peintres contemporains de Balzac (David, Delacroix, Géricault, Gros, Raffet...) ;
b) cherchez ensuite à justifier les références que le romancier revendique lui-même, Rembrandt, par exemple (cf. l. 454), qu'il cite vingt-quatre fois dans La Comédie humaine ;
c) élargissez enfin votre recherche à des artistes dont les œuvres vous semblent offrir des parallèles pertinents avec le récit du colonel (la photographie et le cinéma pourront apparaître dans cette dernière rubrique).

21. *Quelle(s) lumière(s) choisiriez-vous si vous deviez adapter ce passage du Colonel Chabert à l'écran ? Quelle(s) difficulté(s) rencontreriez-vous ? Comparez vos réponses avec les choix de René Le Hénaff et d'Yves Angelo (cf. filmographie).*

N.B. *Voir suggestions de groupements thématiques, en annexes.*

Bilan

L'action

• Ce que nous savons

Après une première scène matinale qui en retarde le commencement, l'action débute dans une triple nuit dont Chabert tente de sortir :
– *nuit de l'entretien avec Derville ;*
– *nuit du tombeau, de l'amas de cadavres dont le colonel blessé s'extirpe pour «voir le jour» (l. 631) ;*
– *nuit de l'Histoire, après la «mort» de l'Empereur qui fait dire au héros d'Eylau : «Notre soleil s'est couché, nous avons tous froid maintenant.» (l. 869).*
L'action repose sur la rencontre, voire la confrontation de deux univers antithétiques :
– *l'étude, lieu de la Chicane, des affaires, des plaisanteries, symbole d'une société procédurière, méprisante et méprisable ;*
– *le champ de bataille, lieu de l'action, de l'héroïsme et de l'Histoire, symbole d'un passé glorieux, de la conquête du monde et de soi... mais aussi lieu de l'horreur.*
L'action lance enfin une intrigue sentimentale et romanesque : un homme méconnaissable et oublié souhaite recouvrer ses biens, retrouver sa femme, «être reconnu »!
Le Colonel Chabert se présente donc d'abord comme l'histoire d'un revenant qui cherche une identité perdue dans un monde où il n'a plus aucune place.

• À quoi nous attendre ?

1. *Le colonel aura-t-il besoin d'un procès pour être satisfait ?*
2. *Le présent laissera-t-il renaître le passé ?*
3. *L'Histoire survivra-t-elle à la société ?*

Les personnages

• Ce que nous savons

Chabert est une figure et une victime :
– *héros de l'Empire, «vieux carrick», «mort-vivant», il fascine comme un portrait de Rembrandt «sans cadre» ;*
– *blessé, repoussé, oublié, il suscite les moqueries après avoir enduré une «douleur inexprimable» ;*
– *souvent caractérisé par son immobilité et sa réserve, il est un*

47

«homme foudroyé» *(l. 467)*, un «inconnu» *(l. 476)*, au visage «défiguré» *(l. 470)*, un «spectre» surgi d'un passé trop vite occulté.

Derville paraît sensible au discours de Chabert; sa situation d'auditeur l'apparente au lecteur bienveillant; sa clairvoyance, au romancier lui-même, capable de pressentir «tout un drame à l'aspect d'[une] sublime horreur».

Madame Ferraud, «toujours ravissante» *(l. 795)*, est apparemment une femme sans cœur, susceptible de jouer du mensonge et de la ruse.

Les clercs participent à la satire sociale.

• À quoi nous attendre?

1. *Chabert se réadaptera-t-il à la vie sociale?*
2. *Comment la comtesse réagira-t-elle si elle est contrainte de rencontrer et de reconnaître son ancien mari?*
3. *Derville réussira-t-il à concilier les intérêts de ses deux clients ou devra-t-il choisir entre le colonel et la comtesse?*

L'écriture

• Ce que nous savons

Le Colonel Chabert *est l'œuvre d'un écrivain réaliste : le recours à des scènes* et l'emploi fréquent du discours direct favorisent la découverte de l'étude et du champ de bataille précisément situés dans l'Histoire.*

Le Colonel Chabert *est l'œuvre d'un romancier visionnaire : les descriptions et les portraits révèlent toujours une vérité mystérieuse derrière une apparence trompeuse, un type* au-delà d'un caractère.*

Le Colonel Chabert *est l'œuvre d'un démiurge* naissant : sa volonté de «faire concurrence à l'état-civil» en créant une «comédie humaine» apparaît dans le retour de certains personnages, et surtout dans l'ambition de lire l'Histoire à la lumière de la création romanesque.*

• À quoi nous attendre?

1. *Une satire morale succédera-t-elle à la satire sociale?*
2. *Les événements romanesques affaibliront-ils les enjeux historiques?*
3. *Balzac choisira-t-il le réalisme aux dépens de l'omniscience*?*

1005 Environ trois mois après cette consultation nuitamment
faite par le colonel Chabert chez Derville, le notaire[•]
chargé de payer la demi-solde[1] que l'avoué faisait à son
singulier client vint le voir pour conférer[2] sur une affaire
grave, et commença par lui réclamer six cents francs
1010 donnés au vieux militaire.

« Tu t'amuses donc à entretenir l'ancienne armée ? lui dit
en riant ce notaire, nommé Crottat[3], jeune homme qui
venait d'acheter l'étude[•] où il était Maître clerc[•], et dont
le patron venait de prendre la fuite en faisant une épou-
1015 vantable faillite.

– Je te remercie, mon cher maître[•], répondit Derville,
de me rappeler cette affaire-là. Ma philanthropie n'ira
pas au-delà de vingt-cinq louis, je crains déjà d'avoir été
la dupe de mon patriotisme. »

1020 Au moment où Derville achevait sa phrase, il vit sur son
bureau les paquets que son Maître clerc y avait mis. Ses
yeux furent frappés à l'aspect des timbres oblongs[4], car-
rés, triangulaires, rouges, bleus, apposés sur une lettre
par les postes prussienne, autrichienne, bavaroise et
1025 française.

« Ah ! dit-il en riant, voici le dénouement de la comédie,
nous allons voir si je suis attrapé. » Il prit la lettre et
l'ouvrit, mais il n'y put rien lire, elle était écrite en allemand. « Boucard, allez vous-même faire traduire cette
1030 lettre, et revenez promptement », dit Derville en entrou-
vrant la porte de son cabinet[•] et tendant la lettre à son
Maître clerc.

Le notaire de Berlin auquel s'était adressé l'avoué[•] lui
annonçait que les actes[•] dont les expéditions étaient
1035 demandées lui parviendraient quelques jours après cette
lettre d'avis. Les pièces[•] étaient, disait-il, parfaitement

---

1. *demi-solde* : moitié du traitement d'un soldat (et, par extension, soldat ainsi
rémunéré) ; on dit *une demi-solde* pour désigner le traitement, et *un demi-solde*, pour
le soldat.
2. *conférer* : discuter.
3. *Crottat* : successeur du notaire Roguin (qui fait faillite dans *Eugénie Grandet*,
publié en 1833), il apparaît aussi dans *Melmoth réconcilié* et dans *La Femme de trente
ans*. *César Birotteau* reviendra sur la faillite de Roguin.
4. *oblongs* : plus longs que larges.

en règle, et revêtues des légalisations• nécessaires pour faire foi• en justice. En outre, il lui mandait• que presque tous les témoins des faits consacrés par les procès-ver-
1040 baux• existaient à Prussich-Eylau[1], et que la femme à laquelle M. le comte Chabert devait la vie vivait encore dans un des faubourgs d'Heilsberg.

«Ceci devient sérieux», s'écria Derville quand Boucard eut fini de lui donner la substance de la lettre. «Mais, dis
1045 donc, mon petit, reprit-il en s'adressant au notaire•, je vais avoir besoin de renseignements qui doivent être en ton étude•. N'est-ce pas chez ce vieux fripon de Roguin...

– Nous disons l'infortuné, le malheureux Roguin, reprit
1050 Me Alexandre Crottat en riant et interrompant Derville.

– N'est-ce pas chez cet infortuné qui vient d'emporter huit cent mille francs à ses clients et de réduire plusieurs familles au désespoir, que s'est faite la liquidation• de la succession• Chabert? Il me semble que j'ai vu cela dans
1055 nos pièces• Ferraud.

– Oui, répondit Crottat, j'étais alors troisième clerc•, je l'ai copiée et bien étudiée, cette liquidation. Rose Cha-potel, épouse et veuve de Hyacinthe, dit Chabert, comte de l'Empire, grand-officier de la Légion d'honneur; ils
1060 s'étaient mariés sans contrat•, ils étaient donc communs en biens•. Autant que je puis m'en souvenir, l'actif• s'élevait à six cent mille francs. Avant son mariage, le comte Chabert avait fait un testament en faveur des hos-pices de Paris, par lequel il leur attribuait le quart de la
1065 fortune qu'il posséderait au moment de son décès, le domaine• héritait de l'autre quart. Il y a eu licitation•, vente et partage, parce que les avoués• sont allés bon train. Lors de la liquidation, le monstre qui gouvernait alors la France[2] a rendu par un décret• la portion du fisc
1070 à la veuve du colonel.

---

1. *Prussich-Eylau* : nom du site de la bataille (à ne pas confondre avec Deutsch-Eylau, autre localité prussienne).
2. *le monstre qui gouvernait alors la France* : Napoléon (dans la langue des ultras).

– Ainsi la fortune personnelle du comte Chabert ne se monterait donc qu'à trois cent mille francs.

– Par conséquent, mon vieux! répondit Crottat. Vous avez parfois l'esprit juste, vous autres avoués, quoiqu'on

1075 vous accuse de vous le fausser en plaidant aussi bien le Pour que le Contre[1]. »

Le comte Chabert, dont l'adresse se lisait au bas de la première quittance• que lui avait remise le notaire, demeurait dans le faubourg Saint-Marceau, rue du Petit-

1080 Banquier, chez un vieux maréchal des logis• de la garde impériale, devenu nourrisseur[2], et nommé Vergniaud[3]. Arrivé là, Derville fut forcé d'aller à pied à la recherche de son client; car son cocher refusa de s'engager dans une rue non pavée et dont les ornières étaient un peu

1085 trop profondes pour les roues d'un cabriolet. En regardant de tous les côtés, l'avoué finit par trouver, dans la partie de cette rue qui avoisine le boulevard, entre deux murs bâtis avec des ossements et de la terre, deux mauvais pilastres en moellons•, que le passage des voitures

1090 avait ébréchés, malgré deux morceaux de bois placés en forme de bornes. Ces pilastres• soutenaient une poutre couverte d'un chaperon[4] en tuiles, sur laquelle ces mots étaient écrits en rouge : VERGNIAUD, NOURICEURE. À droite de ce nom, se voyaient des œufs, et à gauche une

1095 vache, le tout peint en blanc. La porte était ouverte et restait sans doute ainsi pendant toute la journée. Au fond d'une cour assez spacieuse, s'élevait, en face de la porte, une maison, si toutefois ce nom convient à l'une de ces masures[5] bâties dans les faubourgs de Paris, et qui

1100 ne sont comparables à rien, pas même aux plus chétives habitations de la campagne, dont elles ont la misère sans en avoir la poésie. En effet, au milieu des champs, les cabanes ont encore une grâce que leur donnent la

---

1. *le Pour que le Contre* : Balzac choisit ces termes de chicane pour donner un titre à la première partie de *La Fleur des pois* (futur *Contrat de mariage*).
2. *nourrisseur* : propriétaire de vaches laitières, il en vend le lait au public.
3. *Vergniaud* : Balzac l'introduira, après coup, dans *La Vendetta* (1830).
4. *chaperon* : «couronnement d'un mur en forme de toit» (Littré).
5. *masures* : «méchantes habitations qui semblent menacer ruine» (Littré).

pureté de l'air, la verdure, l'aspect des champs, une col-
1105 line, un chemin tortueux, des vignes, une haie vive, la
mousse des chaumes[1], et les ustensiles champêtres;
mais à Paris la misère ne se grandit que par son horreur.
Quoique récemment construite, cette maison semblait
près de tomber en ruine. Aucun des matériaux n'y avait
1110 eu sa vraie destination, ils provenaient tous des démoli-
tions qui se font journellement dans Paris. Derville lut
sur un volet fait avec les planches d'une enseigne :
Magasin de nouveautés. Les fenêtres ne se ressemblaient
point entre elles et se trouvaient bizarrement placées. Le
1115 rez-de-chaussée, qui paraissait être la partie habitable,
était exhaussé[2] d'un côté, tandis que de l'autre les
chambres étaient enterrées par une éminence[3]. Entre la
porte et la maison s'étendait une mare pleine de fumier
où coulaient les eaux pluviales et ménagères. Le mur sur
1120 lequel s'appuyait ce chétif logis, et qui paraissait être
plus solide que les autres, était garni de cabanes grilla-
gées où de vrais lapins faisaient leurs nombreuses
familles. À droite de la porte cochère se trouvait la
vacherie[4] surmontée d'un grenier à fourrages, et qui
1125 communiquait à la maison par une laiterie. À gauche
étaient une basse-cour, une écurie et un toit à cochons
qui avait été fini, comme celui de la maison, en mauvaises planches de bois blanc clouées les unes sur les
autres, et mal recouvertes avec du jonc. Comme presque
1130 tous les endroits où se cuisinent les éléments du grand
repas que Paris dévore chaque jour, la cour dans laquelle
Derville mit le pied offrait les traces de la précipitation
voulue par la nécessité d'arriver à heure fixe. Ces grands
vases de fer blanc bossués dans lesquels se transporte le
1135 lait, et les pots qui contiennent la crème, étaient jetés
pêle-mêle devant la laiterie, avec leurs bouchons de
linge. Les loques trouées qui servaient à les essuyer

---

1. *chaumes* : «champs où le chaume est encore sur pied; landes et bruyères»
(Littré).
2. *exhaussé* : surélevé.
3. *éminence* : élévation de terrain.
4. *vacherie* : «logement spécialement destiné aux vaches» (Littré).

flottaient au soleil étendues sur des ficelles attachées à des piquets. Ce cheval pacifique, dont la race ne se
1140 trouve que chez les laitières, avait fait quelques pas en avant de sa charrette et restait devant l'écurie, dont la porte était fermée. Une chèvre broutait le pampre de la vigne grêle et poudreuse qui garnissait le mur jaune et lézardé de la maison. Un chat était accroupi sur les pots
1145 à crème et les léchait. Les poules, effarouchées à l'approche de Derville, s'envolèrent en criant, et le chien de garde aboya.

« L'homme qui a décidé le gain de la bataille d'Eylau serait là ! » se dit Derville en saisissant d'un seul coup
1150 d'œil l'ensemble de ce spectacle ignoble.

La maison était restée sous la protection de trois gamins. L'un, grimpé sur le faîte d'une charrette chargée de fourrage vert, jetait des pierres dans un tuyau de cheminée de la maison voisine, espérant qu'elles y tomberaient
1155 dans la marmite. L'autre essayait d'amener un cochon sur le plancher de la charrette qui touchait à terre, tandis que le troisième, pendu à l'autre bout, attendait que le cochon y fût placé pour l'enlever en faisant faire la bascule à la charrette. Quand Derville leur demanda si
1160 c'était bien là que demeurait M. Chabert, aucun ne répondit, et tous trois le regardèrent avec une stupidité spirituelle, s'il est permis d'allier ces deux mots. Derville réitéra ses questions sans succès. Impatienté par l'air narquois des trois drôles, il leur dit de ces injures plai-
1165 santes que les jeunes gens se croient le droit d'adresser aux enfants, et les gamins rompirent le silence par un rire brutal. Derville se fâcha. Le colonel, qui l'entendit, sortit d'une petite chambre basse située près de la laiterie et apparut sur le seuil de sa porte avec un flegme
1170 militaire inexprimable. Il avait à la bouche une de ces pipes notablement *culottées*[1] (expression technique des fumeurs), une de ces humbles pipes de terre blanche nommées des *brûle-gueule*. Il leva la visière d'une

---

1. *pipes* [...] *culottées* : culotter une pipe (expression populaire), c'est « lui donner, à force de fumer dedans, un certain enduit noir dans le bas du fourneau » (Littré).

casquette horriblement crasseuse, aperçut Derville et
1175 traversa le fumier pour venir plus promptement à son
bienfaiteur, en criant d'une voix amicale aux gamins :
«Silence dans les rangs!» Les enfants gardèrent aussitôt
un silence respectueux qui annonçait l'empire exercé
sur eux par le vieux soldat.
1180 «Pourquoi ne m'avez-vous pas écrit? dit-il à Derville.
Allez le long de la vacherie! Tenez, là, le chemin est
pavé», s'écria-t-il en remarquant l'indécision de l'avoué•
qui ne voulait pas se mouiller les pieds dans le fumier.
En sautant de place en place, Derville arriva sur le seuil
1185 de la porte par où le colonel était sorti. Chabert parut
désagréablement affecté d'être obligé de le recevoir dans
la chambre qu'il occupait. En effet, Derville n'y aperçut
qu'une seule chaise. Le lit du colonel consistait en quelques bottes de paille sur lesquelles son hôtesse avait
1190 étendu deux ou trois lambeaux de ces vieilles tapisseries,
ramassées je ne sais où, qui servent aux laitières à garnir
les bancs de leurs charrettes. Le plancher était tout simplement en terre battue. Les murs salpêtrés[1], verdâtres
et fendus répandaient une si forte humidité, que le mur
1195 contre lequel couchait le colonel était tapissé d'une
natte en jonc. Le fameux carrick• pendait à un clou.
Deux mauvaises paires de bottes gisaient dans un coin.
Nul vestige de linge. Sur la table vermoulue, les Bulletins
de la Grande Armée[2] réimprimés par Plancher étaient
1200 ouverts, et paraissaient être la lecture du colonel, dont la
physionomie était calme et sereine au milieu de cette
misère. Sa visite chez Derville semblait avoir changé le
caractère de ses traits, où l'avoué trouva les traces d'une
pensée heureuse, une lueur particulière qu'y avait jetée
1205 l'espérance.
«La fumée de la pipe vous incommode-t-elle? dit-il en
tendant à son avoué la chaise à moitié dépaillée.
– Mais, colonel, vous êtes horriblement mal ici.»

---

1. *murs salpêtrés* : murs rongés d'humidité, malgré le salpêtre destiné à les imper-
méabiliser.
2. *les Bulletins de la Grande Armée* : ces publications idéalisaient Napoléon et ses
batailles ; elles connurent un très grand succès dès 1806.

Cette phrase fut arrachée à Derville par la défiance natu-
1210 relle aux avoués•, et par la déplorable expérience que
leur donnent de bonne heure les épouvantables drames
inconnus auxquels ils assistent.

«Voilà, se dit-il, un homme qui aura certainement
employé mon argent à satisfaire les trois vertus théolo-
1215 gales[1] du troupier : le jeu, le vin et les femmes!
— C'est vrai, monsieur, nous ne brillons pas ici par le
luxe. C'est un bivouac[2] tempéré par l'amitié, mais...» Ici
le soldat lança un regard profond à l'homme de loi.
«Mais, je n'ai fait de tort à personne, je n'ai jamais
1220 repoussé personne, et je dors tranquille.»
L'avoué songea qu'il y aurait peu de délicatesse à
demander compte à son client des sommes qu'il lui avait
avancées, et il se contenta de lui dire : «Pourquoi
n'avez-vous donc pas voulu venir dans Paris où vous
1225 auriez pu vivre aussi peu chèrement que vous vivez ici,
mais où vous auriez été mieux?
— Mais, répondit le colonel, les braves gens chez lesquels je suis m'avaient recueilli, nourri *gratis* depuis un
an! comment les quitter au moment où j'avais un peu
1230 d'argent? Puis le père de ces trois gamins est un vieux
égyptien...
— Comment, un égyptien?
— Nous appelons ainsi les troupiers qui sont revenus de
l'expédition d'Égypte[3] de laquelle j'ai fait partie. Non
1235 seulement tous ceux qui en sont revenus sont un peu
frères, mais Vergniaud était alors dans mon régiment,
nous avions partagé de l'eau dans le désert. Enfin, je n'ai
pas encore fini d'apprendre à lire à ses marmots[4].
— Il aurait bien pu vous mieux loger, pour votre argent,
1240 lui.

---

1. *les trois vertus théologales* : la foi, l'espérance et la charité, c'est-à-dire les trois vertus qui ont Dieu lui-même pour objet, et sont les plus nécessaires au salut. Balzac s'amuse...
2. *bivouac* : campement, installation provisoire de troupes en campagne. Chabert a conservé un vocabulaire militaire.
3. *l'expédition d'Égypte* : en 1798-1799, vingt ans avant cette scène.
4. *marmots* : enfants.

– Bah! dit le colonel, ses enfants couchent comme moi
sur la paille! Sa femme et lui n'ont pas un lit meilleur, ils
sont bien pauvres, voyez-vous? ils ont pris un établissement* au-dessus de leurs forces. Mais si je recouvre ma
1245 fortune!... Enfin, suffit!
– Colonel, je dois recevoir demain ou après vos actes*
d'Heilsberg. Votre libératrice vit encore!
– Sacré argent! Dire que je n'en ai pas!» s'écria-t-il en
jetant par terre sa pipe.
1250 Une pipe *culottée* est une pipe précieuse pour un
fumeur; mais ce fut par un geste si naturel, par un mouvement si généreux, que tous les fumeurs et même la
Régie[1] lui eussent pardonné ce crime de lèse-tabac. Les
anges auraient peut-être ramassé les morceaux.
1255 «Colonel, votre affaire est excessivement compliquée,
lui dit Derville en sortant de la chambre pour s'aller
promener au soleil le long de la maison.
– Elle me paraît, dit le soldat, parfaitement simple. L'on
m'a cru mort, me voilà! rendez-moi ma femme et ma
1260 fortune; donnez-moi le grade de général auquel j'ai
droit[2], car j'ai passé colonel dans la garde impériale, la
veille de la bataille d'Eylau.
– Les choses ne vont pas ainsi dans le monde judiciaire,
reprit Derville. Écoutez-moi. Vous êtes le comte Cha-
1265 bert, je le veux bien, mais il s'agit de le prouver judi-
ciairement à des gens qui vont avoir intérêt à nier votre
existence. Ainsi, vos actes seront discutés. Cette dis-
cussion entraînera dix ou douze questions* préliminaires*. Toutes iront contradictoirement* jusqu'à la cour
1270 suprême*, et constitueront autant de procès coûteux, qui
traîneront en longueur, quelle que soit l'activité que j'y
mette. Vos adversaires* demanderont une enquête à
laquelle nous ne pourrons pas nous refuser, et qui néces-
sitera peut-être une commission rogatoire* en Prusse.
1275 Mais supposons tout au mieux: admettons qu'il soit

1. *la Régie* (française des tabacs): depuis 1810, elle assure le monopole de l'État
sur le tabac (culture, fabrication, vente).
2. *donnez-moi le grade de général auquel j'ai droit*: le grade de colonel dans la Garde
impériale était en effet assimilable à celui de général dans l'infanterie.

reconnu promptement par la justice que vous êtes le colonel Chabert. Savons-nous comment sera jugée la question soulevée par la bigamie[1] fort innocente de la comtesse Ferraud ? Dans votre cause•, le point de droit•
1280 est en dehors du code•, et ne peut être jugé par les juges que suivant les lois de la conscience, comme fait le jury• dans les questions délicates que présentent les bizarreries sociales de quelques procès criminels. Or, vous n'avez pas eu d'enfants de votre mariage, et M. le comte
1285 Ferraud en a deux du sien, les juges peuvent déclarer nul• le mariage où se rencontrent les liens les plus faibles, au profit du mariage qui en comporte de plus forts, du moment où il y a eu bonne foi chez les contractants•. Serez-vous dans une position morale bien belle,
1290 en voulant *mordicus*[2] avoir à votre âge et dans les circonstances où vous vous trouvez une femme qui ne vous aime plus ? Vous aurez contre vous votre femme et son mari, deux personnes puissantes qui pourront influencer les tribunaux. Le procès a donc des éléments de durée.
1295 Vous aurez le temps de vieillir dans les chagrins les plus cuisants.

– Et ma fortune ?

– Vous vous croyez donc une grande fortune ?

– N'avais-je pas trente mille livres de rente ?

1300 – Mon cher colonel, vous aviez fait, en 1799, avant votre mariage, un testament qui léguait le quart de vos biens aux hospices.

– C'est vrai.

– Eh bien, vous censé mort, n'a-t-il pas fallu procéder à
1305 un inventaire, à une liquidation• afin de donner ce quart aux hospices ? Votre femme ne s'est pas fait scrupule de tromper les pauvres. L'inventaire, où sans doute elle s'est bien gardée de mentionner l'argent comptant, les pierreries, où elle aura produit peu d'argenterie, et où le
1310 mobilier a été estimé à deux tiers au-dessous du prix

---

1. *bigamie* : «action criminelle de celui qui épouse une seconde femme pendant que la première vit encore, ou de celle qui épouse un second mari pendant la vie du premier» (Littré).
2. *mordicus* : avec ténacité, opiniâtreté, Littré juge cet adverbe familier.

réel, soit pour la favoriser, soit pour payer moins de
droits au fisc•, et aussi parce que les commissaires-
priseurs• sont responsables de leurs estimations, l'inventaire ainsi fait a établi six cent mille francs de
1315 valeurs. Pour sa part, votre veuve avait droit à la moitié.
Tout a été vendu, racheté par elle, elle a bénéficié sur
tout, et les hospices ont eu leurs soixante-quinze mille
francs. Puis, comme le fisc héritait de vous, attendu que
vous n'aviez pas fait mention de votre femme dans votre
1320 testament, l'Empereur a rendu par un décret• à votre
veuve la portion qui revenait au domaine public•. Maintenant, à quoi avez-vous droit ? à trois cent mille francs
seulement, moins les frais.
  – Et vous appelez cela la justice ? dit le colonel ébahi.
1325 – Mais, certainement...
  – Elle est belle.
  – Elle est ainsi, mon pauvre colonel. Vous voyez que ce
que vous avez cru facile ne l'est pas. Mme Ferraud peut
même vouloir garder la portion qui lui a été donnée par
1330 l'Empereur.
  – Mais elle n'était pas veuve, le décret est nul•...
  – D'accord. Mais tout se plaide. Écoutez-moi. Dans ces
circonstances, je crois qu'une transaction• serait, et pour
vous et pour elle, le meilleur dénouement du procès.
1335 Vous y gagnerez une fortune plus considérable que celle
à laquelle vous auriez droit.
  – Ce serait vendre ma femme !
  – Avec vingt-quatre mille francs de rente•, vous aurez,
dans la position où vous vous trouvez, des femmes qui
1340 vous conviendront mieux que la vôtre, et qui vous rendront plus heureux. Je compte aller voir aujourd'hui
même Mme la comtesse Ferraud afin de sonder le terrain ; mais je n'ai pas voulu faire cette démarche sans
vous en prévenir.
1345 – Allons ensemble chez elle...
  – Fait comme vous êtes ? dit l'avoué. Non, non, colonel,
non. Vous pourriez y perdre tout à fait votre procès...
  – Mon procès est-il gagnable ?
  – Sur tous les chefs•, répondit Derville. Mais, mon cher
1350 colonel Chabert, vous ne faites pas attention à une chose.
Je ne suis pas riche, ma charge• n'est pas entièrement

payée. Si les tribunaux vous accordent une *provision*•, c'est-à-dire une somme à prendre par avance sur votre fortune, ils ne l'accorderont qu'après avoir reconnu vos
1355 qualités de comte Chabert, grand-officier de la Légion d'honneur.

– Tiens, je suis grand-officier de la Légion, je n'y pensais plus, dit-il naïvement.

– Eh bien, jusque-là, reprit Derville, ne faut-il pas plai-
1360 der, payer des avocats•, lever• et solder• les jugements, faire marcher des huissiers•, et vivre ? Les frais des instances• préparatoires se monteront, à vue de nez, à plus de douze ou quinze mille francs. Je ne les ai pas, moi qui suis écrasé par les intérêts énormes que je paye à celui
1365 qui m'a prêté l'argent de ma charge[1]. Et vous ! où les trouverez-vous ? »

De grosses larmes tombèrent des yeux flétris du pauvre soldat et roulèrent sur ses joues ridées. À l'aspect de ces difficultés, il fut découragé. Le monde social et judiciaire
1370 lui pesait sur la poitrine comme un cauchemar.

« J'irai, s'écria-t-il, au pied de la colonne de la place Vendôme, je crierai là : "Je suis le colonel Chabert qui a enfoncé le grand carré[2] des Russes à Eylau !" Le bronze, lui ! me reconnaîtra[3].
1375 – Et l'on vous mettra sans doute à Charenton. »

À ce nom redouté, l'exaltation du militaire tomba.

« N'y aurait-il donc pas pour moi quelques chances favorables au ministère de la Guerre ?

– Les bureaux ! dit Derville. Allez-y, mais avec un juge-
1380 ment bien en règle qui déclare nul• votre acte• de décès. Les bureaux voudraient pouvoir anéantir les gens de l'Empire. »

Le colonel resta pendant un moment interdit, immobile, regardant sans voir, abîmé[4] dans un désespoir sans

---

1. *celui qui m'a prêté l'argent de ma charge* : l'usurier Gobseck a avancé 150 000 francs à Derville, à 15 % d'intérêt annuel (cf. *Gobseck*).
2. *carré* : disposition de la troupe en carré, pour supporter un quadruple assaut.
3. *le bronze, lui ! me reconnaîtra* : la colonne Vendôme fut fondue avec le bronze des canons d'Austerlitz...
4. *abîmé* : plongé comme dans un abîme.

1385 bornes. La justice militaire est franche, rapide, elle décide à la turque[1], et juge presque toujours bien ; cette justice était la seule que connût Chabert. En apercevant le dédale de difficultés où il fallait s'engager, en voyant combien il fallait d'argent pour y voyager, le pauvre sol-
1390 dat reçut un coup mortel dans cette puissance parti- culière à l'homme et que l'on nomme la *volonté*. Il lui parut impossible de vivre en plaidant, il fut pour lui mille fois plus simple de rester pauvre, mendiant, de s'engager comme cavalier si quelque régiment voulait de
1395 lui. Ses souffrances physiques et morales lui avaient déjà vicié le corps dans quelques-uns des organes les plus importants. Il touchait à l'une de ces maladies pour les- quelles la médecine n'a pas de nom, dont le siège est en quelque sorte mobile comme l'appareil nerveux qui
1400 paraît le plus attaqué parmi tous ceux de notre machine, affection qu'il faudrait nommer le *spleen*[2] du malheur. Quelque grave que fût déjà ce mal invisible, mais réel, il était encore guérissable par une heureuse conclusion. Pour ébranler tout à fait cette vigoureuse organisation, il
1405 suffirait d'un obstacle nouveau, de quelque fait imprévu qui en romprait les ressorts affaiblis et produirait ces hésitations, ces actes incompris, incomplets, que les physiologistes observent chez les êtres ruinés par les chagrins.
1410 En reconnaissant alors les symptômes d'un profond abattement chez son client, Derville lui dit : « Prenez courage, la solution de cette affaire ne peut que vous être favorable. Seulement, examinez si vous pouvez me don- ner toute votre confiance, et accepter aveuglément le
1415 résultat que je croirai le meilleur pour vous.
— Faites comme vous voudrez, dit Chabert.
— Oui, mais vous vous abandonnez à moi comme un homme qui marche à la mort ?

---

1. *à la turque* : sans ménagement, sans détours.
2. *spleen* : état dépressif (on sait l'importance que ce mot prendra chez Baude- laire) ; « ennui sans cause, dégoût de la vie » (Littré).

– Ne vais-je pas rester sans état, sans nom ? Est-ce tolé-
1420 rable ?

– Je ne l'entends pas ainsi, dit l'avoué•. Nous poursui-
vrons à l'amiable• un jugement pour annuler votre acte•
de décès et votre mariage, afin que vous repreniez vos
droits. Vous serez même, par l'influence du comte Fer-
1425 raud, porté sur les cadres[1] de l'armée comme général, et
vous obtiendrez sans doute une pension.

– Allez donc ! répondit Chabert, je me fie entièrement à
vous.

– Je vous enverrai donc une procuration• à signer, dit
1430 Derville. Adieu, bon courage ! S'il vous faut de l'argent,
comptez sur moi. »

Chabert serra chaleureusement la main de Derville, et
resta le dos appuyé contre la muraille, sans avoir la force
de le suivre autrement que des yeux. Comme tous les
1435 gens qui comprennent peu les affaires judiciaires, il s'ef-
frayait de cette lutte imprévue. Pendant cette conférence[2], à plusieurs reprises, il s'était avancé, hors d'un
pilastre• de la porte cochère, la figure d'un homme
posté dans la rue pour guetter la sortie de Derville, et qui
1440 l'accosta quand il sortit. C'était un vieux homme vêtu
d'une veste bleue, d'une cotte[3] blanche plissée semblable à celle des brasseurs[4], et qui portait sur la tête une
casquette de loutre[5]. Sa figure était brune, creusée, ridée,
mais rougie sur les pommettes par l'excès du travail et
1445 hâlée par le grand air.

« Excusez, monsieur, dit-il à Derville en l'arrêtant par le
bras, si je prends la liberté de vous parler, mais je me
suis douté, en vous voyant, que vous étiez l'ami de notre
général.

---

1. *sur les cadres* : dans la hiérarchie.
2. *conférence* : «action de traiter d'un objet quelconque entre deux ou plusieurs
personnes» (Littré).
3. *cotte* : vêtement de travail, sorte de tablier ou de salopette.
4. *brasseurs* : «ceux qui brassent de la bière, et qui en vendent en gros» (Littré).
5. *loutre* : petit quadrupède carnassier dont le poil est utilisé dans la confection de
casquettes ou de manteaux.

1450 – Eh bien? dit Derville, en quoi vous intéressez-vous à lui? Mais qui êtes-vous? reprit le défiant avoué*.

– Je suis Louis Vergniaud, répondit-il d'abord. Et j'aurais deux mots à vous dire.

– Et c'est vous qui avez logé le comte Chabert comme il 1455 l'est?

– Pardon, excuse, monsieur, il a la plus belle chambre. Je lui aurais donné la mienne, si je n'en avais eu qu'une. J'aurais couché dans l'écurie. Un homme qui a souffert comme lui, qui apprend à lire à mes mioches[1], un géné-1460 ral, un égyptien, le premier lieutenant sous lequel j'ai servi... faudrait voir? Du tout, il est le mieux logé. J'ai partagé avec lui ce que j'avais. Malheureusement ce n'était pas grand-chose, du pain, du lait, des œufs; enfin à la guerre comme à la guerre! C'est de bon cœur. Mais 1465 il nous a vexés.

– Lui?

– Oui, monsieur, vexés, là ce qui s'appelle en plein. J'ai pris un établissement* au-dessus de mes forces, il le voyait bien. Ça vous le contrariait, et il pansait le che-1470 val[2]! Je lui dis : « Mais, mon général? – Bah! qui dit, je ne veux pas être comme un fainéant, et il y a longtemps que je sais brosser le lapin. » J'avais donc fait des billets* pour le prix de ma vacherie à un nommé Grados... Le connaissez-vous, monsieur?

1475 – Mais, mon cher, je n'ai pas le temps de vous écouter. Seulement dites-moi comment le colonel vous a vexés!

– Il nous a vexés, monsieur, aussi vrai que je m'appelle Louis Vergniaud et que ma femme en a pleuré. Il a su par les voisins que nous n'avions pas le premier sou de 1480 notre billet. Le vieux grognard[3], sans rien dire, a amassé tout ce que vous lui donniez, a guetté le billet et l'a payé. C'te malice! Que ma femme et moi nous savions qu'il n'avait pas de tabac, ce pauvre vieux, et qu'il s'en passait! Oh! maintenant, tous les matins il a ses cigares!

---

1. *mioches* : enfants (terme populaire).
2. *pansait le cheval* : le brossait et l'étrillait pour le nettoyer.
3. *grognard* : soldat de la vieille garde impériale.

1485 je me vendrais plutôt... Non! nous sommes vexés. Donc, je voudrais vous proposer de nous prêter, vu qu'il nous a dit que vous étiez un brave homme, une centaine d'écus sur notre établissement•, afin que nous lui fassions faire des habits, que nous lui meublions sa chambre. Il a cru
1490 nous acquitter[1], pas vrai? Eh bien, au contraire, voyez-vous, l'ancien nous a endettés... et vexés! Il ne devait pas nous faire cette avanie-là[2]. Il nous a vexés! et des amis, encore? Foi d'honnête homme, aussi vrai que je m'appelle Louis Vergniaud, je m'engagerais[3] plutôt que
1495 de ne pas vous rendre cet argent-là... »
Derville regarda le nourrisseur, et fit quelques pas en arrière pour revoir la maison, la cour, les fumiers, l'étable, les lapins, les enfants.
« Par ma foi, je crois qu'un des caractères de la vertu est
1500 de ne pas être propriétaire, se dit-il. Va, tu auras tes cent écus! et plus même. Mais ce ne sera pas moi qui te les donnerai, le colonel sera bien assez riche pour t'aider, et je ne veux pas lui en ôter le plaisir.
– Ce sera-t-il bientôt?
1505 – Mais oui.
– Ah! mon Dieu, que mon épouse va-t-être contente! »
Et la figure tannée du nourrisseur sembla s'épanouir.

---

1. *acquitter* : rendre quitte, payer ce qui est dû.
2. *avanie* : vexation, affront.
3. *je m'engagerais* : comme domestique.

Questions

Compréhension

1. *La construction de ce passage ne présente-t-elle pas un parallélisme avec les deux précédents? Lequel? Qu'en déduisez-vous?*

2. *L'affaire de Chabert est-elle simple, selon vous? Et selon les protagonistes? Identifiez les différents arguments qui jalonnent les discussions de maître Derville avec Crottat, Chabert et Vergniaud. Que risque le colonel? Relevez trois phrases qui résument sa situation et trois autres qui annoncent plusieurs suites possibles.*

3. *Notez les réactions successives de Chabert. Contredisent-elles le début du roman? Illustrez chaque réponse par une brève citation.*

4. *Qu'apprenons-nous sur la comtesse Ferraud? Changeons-nous de sentiment à son égard?*

5. *Comment Derville juge-t-il Vergniaud? sa maison? Qu'apprenons-nous sur l'avoué? Son caractère est-il confirmé?.*

6. *Où se trouve la maison du nourrisseur? Son emplacement et son état revêtent-ils seulement une dimension réaliste? Justifiez précisément votre réponse.*

7. *De quelle manière le thème de la justice est-il développé ici? Veillez à expliciter les rôles joués par Chabert et Derville dans cette perspective.*

8. *L'intrigue a-t-elle éclipsé l'Histoire? Qu'en concluez-vous?*

9. *Quels liens Balzac établit-il encore entre son roman et l'ensemble de La Comédie humaine?*

Écriture

10. *En étudiant les niveaux de langue*, les champs lexicaux* et la syntaxe, montrez comment Balzac distingue nettement les paroles de Chabert, de Derville et de Vergniaud pour caractériser ces personnages.*

11. *Expliquez les fonctions de la comparaison* et de la métaphore* dans la description de la «maison Vergniaud» (pp. 51-54). Élargissez votre réponse à la ville de Paris.*

12. *Relevez plusieurs procédés qui soulignent la pauvreté du colonel (phrase averbale*, antithèse*, métaphore, etc.).*

13. *Identifiez quelques marques d'humour et précisez dans quel(s) but(s) le romancier les introduit dans son roman.*

14. *« "Sacré argent ! Dire que je n'en ai pas !" s'écria-t-il en jetant par terre sa pipe » (l. 1248). Commentez ce passage.*

15. *Comment Balzac parvient-il à transformer le monde social et judiciaire en dédale incompréhensible et infernal ?*

16. *Pour quelle(s) raison(s) peut-on considérer Balzac comme un exemple de narrateur omniscient* ?*

Mise en scène / Mise en perspective

17. *Choisissez dans le texte de Balzac les gestes, les postures et les physionomies qui vous paraissent bien résumer les caractères de Chabert, de Derville et de Vergniaud. Mimez-les. Comparez votre travail avec le jeu de comédiens professionnels, Raimu et Gérard Depardieu par exemple (cf. filmographie).*

18. *Documentez-vous sur les physiologistes (cf. l. 1408) et sur l'intérêt que Balzac leur portait.*

N.B. *Voir suggestions de groupements thématiques, en annexes.*

« Maintenant, se dit Derville en remontant dans son cabriolet, allons chez notre adversaire*. Ne laissons pas
1510 voir notre jeu, tâchons de connaître le sien, et gagnons la partie d'un seul coup. Il faudrait l'effrayer ? Elle est femme. De quoi s'effraient le plus les femmes ? Mais les femmes ne s'effraient que de... »

Il se mit à étudier la position de la comtesse, et tomba
1515 dans une de ces méditations auxquelles se livrent les grands politiques en concevant leurs plans, en tâchant de deviner le secret des cabinets[1] ennemis. Les avoués* ne sont-ils pas en quelque sorte des hommes d'État chargés des affaires privées ? Un coup d'œil jeté sur la
1520 situation de M. le comte Ferraud et de sa femme est ici nécessaire pour faire comprendre le génie de l'avoué.

M. le comte Ferraud était le fils d'un ancien conseiller au Parlement de Paris, qui avait émigré pendant le temps de la Terreur, et qui, s'il sauva sa tête, perdit sa fortune.
1525 Il rentra sous le Consulat et resta constamment fidèle aux intérêts de Louis XVIII, dans les entours[2] duquel était son père avant la révolution. Il appartenait donc à cette partie du faubourg Saint-Germain qui résista noblement aux séductions de Napoléon. La réputation de capacité
1530 que se fit le jeune comte, alors simplement appelé M. Ferraud, le rendit l'objet des coquetteries de l'Empereur, qui souvent était aussi heureux de ses conquêtes sur l'aristocratie que du gain d'une bataille. On promit au comte la restitution de son titre, celle de ses biens
1535 non vendus, on lui montra dans le lointain un ministère, une sénatorerie. L'Empereur échoua. M. Ferraud était, lors de la mort du comte Chabert, un jeune homme de vingt-six ans, sans fortune, doué de formes agréables, qui avait des succès et que le faubourg Saint-Germain
1540 avait adopté comme une de ses gloires ; mais Mme la comtesse Chabert avait su tirer un si bon parti de la succession de son mari, qu'après dix-huit mois de veuvage elle possédait environ quarante mille livres de

1. *cabinets* : ici dans le sens de ministères, gouvernements.
2. *dans les entours* : dans la familiarité, le voisinage.

rente. Son mariage avec le jeune comte ne fut pas
1545 accepté comme une nouvelle[1] par les coteries[2] du faubourg Saint-Germain. Heureux de ce mariage qui répondait à ses idées de fusion[3], Napoléon rendit à Mme Chabert la portion dont héritait le fisc• dans la succession
du colonel; mais l'espérance de Napoléon fut encore
1550 trompée. Mme Ferraud n'aimait pas seulement son
amant dans le jeune homme, elle avait été séduite aussi
par l'idée d'entrer dans cette société dédaigneuse qui,
malgré son abaissement, dominait la cour impériale.
Toutes ses vanités étaient flattées autant que ses pas-
1555 sions dans ce mariage. Elle allait devenir une *femme
comme il faut*[4]. Quand le faubourg Saint-Germain sut que
le mariage du jeune comte n'était pas une défection, les
salons s'ouvrirent à sa femme. La Restauration vint. La
fortune politique du comte Ferraud ne fut pas rapide. Il
1560 comprenait les exigences de la position dans laquelle se
trouvait Louis XVIII, il était du nombre des initiés qui
attendaient *que l'abîme des révolutions fût fermé,* car
cette phrase royale, dont se moquèrent tant les libéraux,
cachait un sens politique. Néanmoins, l'ordonnance[5]
1565 citée dans la longue phrase cléricale qui commence
cette histoire lui avait rendu deux forêts et une terre
dont la valeur avait considérablement augmenté pendant le séquestre•. En ce moment, quoique le comte
Ferraud fût conseiller d'État, directeur général, il ne
1570 considérait sa position que comme le début de sa fortune politique. Préoccupé par les soins d'une ambition
dévorante, il s'était attaché comme secrétaire un ancien
avoué• ruiné nommé Delbecq, homme plus qu'habile,
qui connaissait admirablement les ressources de la

---

1. *ne fut pas accepté comme une nouvelle* : c'est-à-dire ne surprit guère parce qu'il
régularisait une liaison notoire.
2. *les coteries* : les castes, les clans; «compagnie[s] de personnes qui vivent entre
elles familièrement, ou qui cabalent dans un intérêt commun» (Littré).
3. *ses idées de fusion* : entre les classes et les forces sociales issues de la Révolution.
4. *une femme comme il faut* : Balzac reviendra à ce nouveau type de mondaine, dans
Les Français peints par eux-mêmes (repris dans *Autre Étude de femme*).
5. *ordonnance* : cf. l. 52; elle restituait à leurs anciens propriétaires les biens
nationaux non encore liquidés.

1575 chicane•, et auquel il laissait la conduite de ses affaires privées. Le rusé praticien avait assez bien compris sa position chez le comte pour y être probe par spéculation. Il espérait parvenir à quelque place par le crédit de son patron, dont la fortune était l'objet de tous ses soins.
1580 Sa conduite démentait tellement sa vie antérieure qu'il passait pour un homme calomnié. Avec le tact et la finesse dont sont plus ou moins douées toutes les femmes, la comtesse, qui avait deviné son intendant, le surveillait adroitement, et savait si bien le manier,
1585 qu'elle en avait déjà tiré un très bon parti pour l'augmentation de sa fortune particulière. Elle avait su persuader à Delbecq qu'elle gouvernait M. Ferraud, et lui avait promis de le faire nommer président d'un tribunal• de première instance dans l'une des plus importantes
1590 villes de France, s'il se dévouait entièrement à ses intérêts. La promesse d'une place inamovible qui lui permettrait de se marier avantageusement et de conquérir plus tard une haute position dans la carrière politique en devenant député fit de Delbecq l'âme damnée de la
1595 comtesse. Il ne lui avait laissé manquer aucune des chances favorables que les mouvements de Bourse et la hausse des propriétés présentèrent dans Paris aux gens habiles pendant les trois premières années de la Restauration. Il avait triplé les capitaux de sa protectrice, avec
1600 d'autant plus de facilité que tous les moyens avaient paru bons à la comtesse afin de rendre promptement sa fortune énorme. Elle employait les émoluments[1] des places occupées par le comte aux dépenses de la maison, afin de pouvoir capitaliser ses revenus, et Delbecq
1605 se prêtait aux calculs de cette avarice sans chercher à s'en expliquer les motifs. Ces sortes de gens ne s'inquiètent que des secrets dont la découverte est nécessaire à leurs intérêts. D'ailleurs il en trouvait si naturellement la raison dans cette soif d'or dont sont atteintes la
1610 plupart des Parisiennes, et il fallait une si grande fortune

---

1. *émoluments* : rémunérations, « honoraires accordés par tarifs aux officiers ministériels » (Littré).

pour appuyer les prétentions du comte Ferraud, que
l'intendant croyait parfois entrevoir dans l'avidité de la
comtesse un effet de son dévouement pour l'homme de
qui elle était toujours éprise. La comtesse avait enseveli
1615 les secrets de sa conduite au fond de son cœur. Là
étaient des secrets de vie et de mort pour elle, là était
précisément le nœud de cette histoire. Au commencement de l'année 1818, la Restauration fut assise sur des
bases en apparence inébranlables, ses doctrines gouver-
1620 nementales, comprises par les esprits élevés, leur
parurent devoir amener pour la France une ère de pros-
périté nouvelle, alors la société parisienne changea de
face. Mme la comtesse Ferraud se trouva par hasard
avoir fait tout ensemble un mariage d'amour, de fortune
1625 et d'ambition. Encore jeune et belle, Mme Ferraud joua
le rôle d'une femme à la mode, et vécut dans l'atmosphère de la cour. Riche par elle-même, riche par son
mari, qui, prôné comme un des hommes les plus
capables du parti royaliste et l'ami du Roi, semblait
1630 promis à quelque ministère, elle appartenait à l'aristocratie, elle en partageait la splendeur. Au milieu de
ce triomphe, elle fut atteinte d'un cancer moral. Il est de
ces sentiments que les femmes devinent malgré le soin
que les hommes mettent à les enfouir. Au premier retour
1635 du Roi, le comte Ferraud avait conçu quelques regrets de
son mariage. La veuve du colonel Chabert ne l'avait allié
à personne, il était seul et sans appui pour se diriger
dans une carrière pleine d'écueils et pleine d'ennemis.
Puis, peut-être, quand il avait pu juger froidement sa
1640 femme, avait-il reconnu chez elle quelques vices d'éducation qui la rendaient impropre à le seconder dans ses
projets. Un mot dit par lui à propos du mariage de Talleyrand[1] éclaira la comtesse, à laquelle il fut prouvé que
si son mariage était à faire, jamais elle n'eût été
1645 Mme Ferraud. Ce regret, quelle femme le pardonnerait ?
Ne contient-il pas toutes les injures, tous les crimes,

---

1. *Talleyrand* : il avait épousé Mme Grand en 1802, femme très belle mais très
sotte, dont il se sépara en 1815.

toutes les répudiations en germe ? Mais quelle plaie ne devait pas faire ce mot dans le cœur de la comtesse, si l'on vient à supposer qu'elle craignait de voir revenir
1650 son premier mari ! Elle l'avait su vivant, elle l'avait repoussé. Puis, pendant le temps où elle n'en avait plus entendu parler, elle s'était plu à le croire mort à Waterloo avec les aigles impériales[1] en compagnie de Boutin. Néanmoins elle conçut d'attacher le comte à elle par le
1655 plus fort des liens, par la chaîne d'or, et voulut être si riche que sa fortune rendît son second mariage indissoluble, si par hasard le comte Chabert reparaissait encore. Et il avait reparu, sans qu'elle s'expliquât pourquoi la lutte qu'elle redoutait n'avait pas déjà com-
1660 mencé. Les souffrances, la maladie l'avaient peut-être délivrée de cet homme. Peut-être était-il à moitié fou, Charenton pouvait encore lui en faire raison. Elle n'avait pas voulu mettre Delbecq ni la police dans sa confidence, de peur de se donner un maître, ou de précipiter
1665 la catastrophe. Il existe à Paris beaucoup de femmes qui, semblables à la comtesse Ferraud, vivent avec un monstre moral inconnu, ou côtoient un abîme ; elles se font un calus[2] à l'endroit de leur mal, et peuvent encore rire et s'amuser.
1670 « Il y a quelque chose de bien singulier dans la situation de M. le comte Ferraud, se dit Derville en sortant de sa longue rêverie, au moment où son cabriolet s'arrêtait rue de Varenne, à la porte de l'hôtel Ferraud. Comment, lui si riche, aimé du Roi, n'est-il pas encore pair de France ?
1675 Il est vrai qu'il entre peut-être dans la politique du Roi, comme me le disait Mme de Grandlieu, de donner une haute importance à la pairie• en ne la prodiguant pas. D'ailleurs, le fils d'un conseiller au Parlement n'est ni un Crillon, ni un Rohan. Le comte Ferraud ne peut entrer
1680 que subrepticement dans la chambre haute. Mais, si son mariage était cassé, ne pourrait-il faire passer sur sa tête,

---

1. *les aigles impériales* : les enseignes militaires en forme d'aigles (le féminin est donc justifié).
2. *un calus* : un cal, un durillon.

à la grande satisfaction du Roi, la pairie• d'un de ces vieux sénateurs qui n'ont que des filles ? Voilà certes une bonne bourde[1] à mettre en avant pour effrayer notre comtesse », se dit-il en montant le perron.

Deux officiers rentrant dans leur famille après la bataille de Waterloo. Musée de l'armée. Bruxelles.

1. *bourde* : invention, mensonge (sens différent du sens actuel).

Questions

Compréhension

1. *Ce passage constitue-t-il selon vous une digression inutile ? Qu'apporte-t-il à l'intrigue ? Citez la phrase dans laquelle Balzac revendique l'intérêt de sa parenthèse.*

2. *Connaissez-vous désormais les sentiments de la comtesse Ferraud à l'égard de ses deux maris successifs ? Que souhaite-t-elle ? Que risque-t-elle ?*

3. *Quel nouveau personnage apparaît ici ? Vous semble-t-il destiné à jouer un rôle important dans la suite du roman ? Pour quelle(s) raison(s) ?*

4. *À qui Derville est-il comparé ? Dans quel(s) but(s) ?*

5. *Quelle période de notre Histoire le romancier évoque-t-il ? Pourquoi s'intègre-t-elle parfaitement au récit ? Justifiez votre réponse en vous reportant aux pages précédentes.*

Écriture

6. *Par quel(s) procédé(s)* Balzac souligne-t-il une nouvelle facette de Derville ? Qu'en déduisez-vous ?*

7. *Quelle(s) figure(s) désigne(nt) le(s) vice(s) de la comtesse Ferraud ?*

8. *Identifiez les marques d'intervention* d'auteur.*

9. *Même travail pour la rétrospective*. Quelles similitudes et quelles différences remarquez-vous entre ce retour en arrière et celui du colonel Chabert (cf. pp. 29 à 41) ?*

10. *De quelle manière Balzac intègre-t-il sa digression au récit ?*

Mise en scène / Mise en perspective

11. *Les mêmes procédés cinématographiques peuvent-ils traduire la rétrospective de Chabert (cf. pp. 29 à 41) et celle de Balzac (cf. pp. 67 à 71) ? Quelle(s) solution(s) proposez-vous ? Comparez-les avec les adaptations de René Le Hénaff et d'Yves Angelo (cf. filmographie).*

12. *Documentez-vous sur la période évoquée dans ce passage : Balzac vous semble-t-il un historien « engagé » ?*

N.B. *Voir suggestions de groupements thématiques, en annexes.*

Costume féminin du XIXe siècle.

Derville avait, sans le savoir, mis le doigt sur la plaie secrète, enfoncé la main dans le cancer qui dévorait Mme Ferraud. Il fut reçu par elle dans une jolie salle à manger d'hiver, où elle déjeunait en jouant avec un
1690 singe[1] attaché par une chaîne à une espèce de petit poteau garni de bâtons en fer. La comtesse était enveloppée dans un élégant peignoir, les boucles de ses cheveux, négligemment rattachés, s'échappaient d'un bonnet qui lui donnait un air mutin[2]. Elle était fraîche et
1695 rieuse. L'argent, le vermeil, la nacre• étincelaient sur la table, et il y avait autour d'elle des fleurs curieuses plantées dans de magnifiques vases en porcelaine. En voyant la femme du comte Chabert, riche de ses dépouilles, au sein du luxe, au faîte de la société, tandis que le mal-
1700 heureux vivait chez un pauvre nourrisseur au milieu des bestiaux, l'avoué se dit : « La morale de ceci est qu'une jolie femme ne voudra jamais reconnaître son mari, ni même son amant dans un homme en vieux carrick•, en perruque de chiendent[3] et en bottes percées. » Un sou-
1705 rire malicieux et mordant exprima les idées moitié philosophiques, moitié railleuses qui devaient venir à un homme si bien placé pour connaître le fond des choses, malgré les mensonges sous lesquels la plupart des familles parisiennes cachent leur existence.
1710 « Bonjour, monsieur Derville, dit-elle en continuant à faire prendre du café au singe.

— Madame, dit-il brusquement, car il se choqua du ton léger avec lequel la comtesse lui avait dit "Bonjour, monsieur Derville", je viens causer avec vous d'une affaire
1715 assez grave.

— J'en suis *désespérée,* M. le comte est absent...

— J'en suis enchanté, moi, madame. Il serait *désespérant* qu'il assistât à notre conférence. Je sais d'ailleurs, par Delbecq, que vous aimez à faire vos affaires vous-même
1720 sans en ennuyer M. le comte.

---

1. *un singe* : la mode s'en était répandue à Paris.
2. *mutin* : éveillé, piquant, malin.
3. *chiendent* : herbe vivace, nuisible aux cultures, dont les racines séchées étaient utilisées pour fabriquer des brosses.

– Alors, je vais faire appeler Delbecq, dit-elle.

– Il vous serait inutile, malgré son habileté, reprit Derville. Écoutez, madame, un mot suffira pour vous rendre sérieuse. Le comte Chabert existe.

1725 – Est-ce en disant de semblables bouffonneries que vous voulez me rendre sérieuse?» dit-elle en partant d'un éclat de rire.

Mais la comtesse fut tout à coup domptée par l'étrange lucidité du regard fixe par lequel Derville l'interrogeait 1730 en paraissant lire au fond de son âme.

«Madame, répondit-il avec une gravité froide et perçante, vous ignorez l'étendue des dangers qui vous menacent. Je ne vous parlerai pas de l'incontestable authenticité des pièces•, ni de la certitude des preuves 1735 qui attestent l'existence du comte Chabert. Je ne suis pas homme à me charger d'une mauvaise cause•, vous le savez. Si vous vous opposez à notre inscription• en faux contre l'acte• de décès, vous perdrez ce premier procès, et cette question• résolue en notre faveur nous fait 1740 gagner toutes les autres.

– De quoi prétendez-vous donc me parler?

– Ni du colonel, ni de vous. Je ne vous parlerai pas non plus des mémoires• que pourraient faire des avocats• spirituels, armés des faits curieux de cette cause, et du 1745 parti qu'ils tireraient des lettres que vous avez reçues de votre premier mari avant la célébration de votre mariage avec votre second.

– Cela est faux! dit-elle avec toute la violence d'une petite-maîtresse. Je n'ai jamais reçu de lettre du comte 1750 Chabert; et si quelqu'un se dit être le colonel, ce ne peut être qu'un intrigant, quelque forçat libéré, comme Coignard[1] peut-être. Le frisson prend rien que d'y penser. Le colonel peut-il ressusciter, monsieur? Bonaparte m'a fait complimenter[2] sur sa mort par un aide de camp, 1755 et je touche encore aujourd'hui trois mille francs de

---

1. *Coignard* : célèbre aventurier mort au bagne de Brest en 1831, qui vécut plus de dix ans sous de fausses identités.
2. *complimenter* : présenter ses condoléances.

pension accordée à sa veuve par les Chambres. J'ai eu mille fois raison de repousser tous les Chabert qui sont venus, comme je repousserai tous ceux qui viendront.

— Heureusement nous sommes seuls, madame. Nous
1760 pouvons mentir à notre aise», dit-il froidement en s'amusant à aiguillonner la colère qui agitait la comtesse afin de lui arracher quelques indiscrétions, par une manœuvre familière aux avoués•, habitués à rester calmes quand leurs adversaires ou leurs clients s'em-
1765 portent.

«Hé bien donc, à nous deux», se dit-il à lui-même en imaginant à l'instant un piège pour lui démontrer sa faiblesse. «La preuve de la remise de la première lettre existe, madame, reprit-il à haute voix, elle contenait des
1770 valeurs[1].

— Oh! pour des valeurs, elle n'en contenait pas.

— Vous avez donc reçu cette première lettre, reprit Derville en souriant. Vous êtes déjà prise dans le premier piège que vous tend un avoué, et vous croyez pouvoir
1775 lutter avec la justice...»

La comtesse rougit, pâlit, se cacha la figure dans les mains. Puis, elle secoua sa honte, et reprit avec le sang-froid naturel à ces sortes de femmes : «Puisque vous êtes l'avoué du prétendu Chabert, faites-moi le plaisir de...
1780 — Madame, dit Derville en l'interrompant, je suis encore en ce moment votre avoué comme celui du colonel. Croyez-vous que je veuille perdre une clientèle aussi précieuse que l'est la vôtre? Mais vous ne m'écoutez pas...
1785 — Parlez, monsieur, dit-elle gracieusement.

— Votre fortune vous venait de M. le comte Chabert, et vous l'avez repoussé. Votre fortune est colossale, et vous le laissez mendier. Madame, les avocats• sont bien éloquents lorsque les causes• sont éloquentes par

---

1. *valeurs* : lettres de change.

1790 elles-mêmes : il se rencontre ici des circonstances capables de soulever contre vous l'opinion publique[1].

– Mais, monsieur, dit la comtesse impatientée de la manière dont Derville la tournait et retournait sur le gril, en admettant que votre M. Chabert existe, les tribu-
1795 naux• maintiendront mon second mariage à cause des enfants, et j'en serai quitte pour rendre deux cent vingt-cinq mille francs à M. Chabert.

– Madame, nous ne savons pas de quel côté les tribunaux verront la question sentimentale. Si, d'une part,
1800 nous avons une mère et ses enfants, nous avons de l'autre un homme accablé de malheurs, vieilli par vous, par vos refus. Où trouvera-t-il une femme ? Puis, les juges peuvent-ils heurter la loi ? Votre mariage avec le colonel a pour lui le droit, la priorité. Mais si vous êtes
1805 représentée sous d'odieuses couleurs, vous pourriez avoir un adversaire• auquel vous ne vous attendez pas. Là, madame, est ce danger dont je voudrais vous préserver.

– Un nouvel adversaire ! dit-elle, qui ?
1810 – M. le comte Ferraud, madame.

– M. Ferraud a pour moi un trop vif attachement, et, pour la mère de ses enfants, un trop grand respect...

– Ne parlez pas de ces niaiseries[2]-là, dit Derville en l'interrompant, à des avoués• habitués à lire au fond des
1815 cœurs. En ce moment M. Ferraud n'a pas la moindre envie de rompre votre mariage et je suis persuadé qu'il vous adore ; mais si quelqu'un venait lui dire que son mariage peut être annulé, que sa femme sera traduite• en criminelle• au banc de l'opinion publique...
1820 – Il me défendrait ! monsieur.

– Non, madame.

– Quelle raison aurait-il de m'abandonner, monsieur ?

– Mais celle d'épouser la fille unique d'un pair• de

---

1. *Madame [...] l'opinion publique* : P. Barberis (cf. bibliographie) note que Derville avance ici un argument double, dans la mesure où la presse joue un rôle considérable dans une opinion publique assimilée à la conscience universelle.
2. *ces niaiseries-là* : ces arguments qui ne peuvent convaincre que les niais.

France, dont la pairie• lui serait transmise par ordon-
1825 nance du Roi... »
La comtesse pâlit.
« Nous y sommes ! se dit en lui-même Derville. Bien, je
te tiens, l'affaire• du pauvre colonel est gagnée. »
« D'ailleurs, madame, reprit-il à haute voix, il aurait
1830 d'autant moins de remords, qu'un homme couvert de
gloire, général, comte, grand-officier de la Légion d'honneur, ne serait pas un pis-aller ; et si cet homme lui
redemande sa femme...
– Assez ! assez ! monsieur, dit-elle. Je n'aurai jamais que
1835 vous pour avoué•. Que faire ?
– Transiger !• dit Derville.
– M'aime-t-il encore ? dit-elle.
– Mais je ne crois pas qu'il puisse en être autrement. »
À ce mot, la comtesse dressa la tête. Un éclair d'espé-
1840 rance brilla dans ses yeux ; elle comptait peut-être spé-
culer sur la tendresse de son premier mari pour gagner
son procès par quelque ruse de femme.
« J'attendrai vos ordres, madame, pour savoir s'il faut
vous signifier• nos actes•, ou si vous voulez venir chez
1845 moi pour arrêter les bases d'une transaction•», dit Derville en saluant la comtesse.

Questions

Compréhension

1. *En quoi cette scène s'apparente-t-elle à un duel ? Citez une phrase de Derville qui justifie cette idée.*

2. *Derville fait-il preuve d'une grande habileté ? Identifiez les moyens successifs qu'il utilise pour vaincre les résistances et les ruses de son interlocutrice.*

3. *Que révèle la comtesse malgré elle ? Le romancier présente-t-il seulement sa «défaite» ?*

4. *Pensez-vous, comme Derville, que «l'affaire du pauvre colonel est gagnée» ?*

5. *Quelle(s) satire(s) Balzac développe-t-il ici ?*

Écriture

6. *Relevez quelques procédés* qui assimilent le début de l'entretien à un duel.*

7. *Dans le portrait de la comtesse (l. 1686-1701), quels nouveaux traits de caractère Balzac met-il en relief ? De quelle manière ?*

8. *Caractérisez le(s) ton(s) des deux personnages en justifiant chaque réponse par une citation expliquée.*

9. *«Un sourire malicieux et mordant exprima les idées moitié philosophiques, moitié railleuses qui devaient venir à un homme si bien placé pour connaître le fond des choses, malgré les mensonges sous lesquels la plupart des familles parisiennes cachent leur existence.» Commentez.*

10. *Qualifiez le dénouement de cette scène à l'aide de trois adjectifs. Quel(s) effet(s) Balzac en tire-t-il ?*

Mise en scène / Mise en perspective

11. *Écrivez une adaptation théâtrale des lignes 1766-1797. Représentez-la. Avez-vous eu besoin d'ajouter des paroles au texte de Balzac ? Qu'en déduisez-vous ?*

12. *Constituez un dossier iconographique sur «la femme sans cœur». Aidez-vous, pour cela, du parcours thématique et de la bibliographie (cf. annexes). Distinguez les vêtements, les coiffures, les parures, l'ameublement... Que pensez-vous des diffé-*

rentes interprètes de la comtesse Ferraud à l'écran (cf. filmographie) ?

N.B. *Voir suggestions de groupements thématiques, en annexes.*

Gens de Justice. *Gravure de Daumier.*

Huit jours après les deux visites que Derville avait faites, et par une belle matinée du mois de juin, les époux, désunis par un hasard presque surnaturel, partirent des
1850 deux points les plus opposés de Paris, pour venir se rencontrer dans l'étude• de leur avoué• commun. Les avances qui furent largement faites par Derville au colonel Chabert lui avaient permis d'être vêtu selon son rang. Le défunt arriva donc voituré dans un cabriolet fort
1855 propre. Il avait la tête couverte d'une perruque appropriée à sa physionomie, il était habillé de drap bleu, avait du linge blanc, et portait sous son gilet le sautoir[1] rouge des grands-officiers de la Légion d'honneur. En reprenant les habitudes de l'aisance, il avait retrouvé son
1860 ancienne élégance martiale[2]. Il se tenait droit. Sa figure, grave et mystérieuse, où se peignaient le bonheur et toutes ses espérances, paraissait être rajeunie et plus grasse, pour emprunter à la peinture une de ses expressions les plus pittoresques. Il ne ressemblait pas plus au
1865 Chabert en vieux carrick•, qu'un gros sou ne ressemble à une pièce de quarante francs nouvellement frappée. À le voir, les passants eussent facilement reconnu en lui l'un de ces beaux débris de notre ancienne armée[3], un de ces hommes héroïques sur lesquels se reflète notre
1870 gloire nationale, et qui la représentent comme un éclat de glace illuminé par le soleil semble en réfléchir tous les rayons. Ces vieux soldats sont tout ensemble des tableaux et des livres. Quand le comte descendit de sa voiture pour monter chez Derville, il sauta légèrement
1875 comme aurait pu faire un jeune homme. À peine son cabriolet avait-il retourné, qu'un joli coupé tout armorié[4] arriva. Mme la comtesse Ferraud en sortit dans une toilette simple, mais habilement calculée pour montrer la

---

1. *le sautoir* : « porter un ordre en sautoir, en porter le cordon en forme de collier tombant en pointe sur la poitrine » (Littré).
2. *martiale* : militaire, et, par extension, décidée, résolue.
3. *l'un* [...] *notre ancienne armée* : comme on en rencontrait sous la Restauration.
4. *coupé tout armorié* : voiture dont les portes étaient ornées d'armoiries (emblèmes) familiales.

jeunesse de sa taille. Elle avait une jolie capote[1] doublée
1880 de rose qui encadrait parfaitement sa figure, en dissimu-
lait les contours, et la ravivait. Si les clients s'étaient
rajeunis, l'étude* était restée semblable à elle-même, et
offrait alors le tableau par la description duquel cette
histoire a commencé. Simonnin déjeunait, l'épaule
1885 appuyée sur la fenêtre qui alors était ouverte ; et il regardait le bleu du ciel par l'ouverture de cette cour entourée
de quatre corps de logis noirs.
– Ha ! s'écria le petit clerc*, qui veut parier un spectacle que le colonel Chabert est général, et cordon
1890 rouge[2] ?
– Le patron est un fameux sorcier ! dit Godeschal.
– Il n'y a donc pas de tour à lui jouer cette fois ?
demanda Desroches.
– C'est sa femme qui s'en charge, la comtesse Ferraud !
1895 dit Boucard.
– Allons, dit Godeschal, la comtesse Ferraud serait
donc obligée d'être à deux[3]...
– La voilà !» dit Simonnin.
En ce moment le colonel entra et demanda Derville.
1900 «Il y est, monsieur le comte, répondit Simonnin.
– Tu n'es donc pas sourd, petit drôle ?» dit Chabert en
prenant le saute-ruisseau par l'oreille et la lui tortillant[4]
à la satisfaction des clercs, qui se mirent à rire et
regardèrent le colonel avec la curieuse considération
1905 due à ce singulier personnage.

---

1. *capote* : «sorte de chapeau de femme» (Littré).
2. *cordon rouge* : celui de la Légion d'honneur. P. Barberis (cf. bibliographie)
commente ainsi l'habillement du colonel : «*Habillement évidemment tricolore dont
il faut mesurer le sens vers 1820 : le drapeau tricolore est alors banni et remplacé par
le drapeau blanc, les trois couleurs sont subversives, révolutionnaires, et c'est à ce titre
qu'elles reparaîtront sur les barricades de juillet 1830. Il en est de même pour La
Marseillaise. Mais l'effet cherché par Balzac est plus subtil encore : lorsqu'il publie la
nouvelle, en 1832 le drapeau tricolore est devenu le drapeau officiel de la France... et
couvre désormais le règne de l'argent, le pouvoir de la bourgeoisie. C'est donc là une
manière indirecte de dire l'escroquerie qui a suivi la victoire révolutionnaire de
1830.*»
3. *d'être à deux* : maris.
4. *et la lui tortillant* : geste napoléonien...

Le comte Chabert était chez Derville, au moment où sa femme entra par la porte de l'étude.

« Dites donc, Boucard, il va se passer une singulière scène dans le cabinet• du patron ! Voilà une femme qui 1910 peut aller les jours pairs chez le comte Ferraud et les jours impairs chez le comte Chabert[1].

– Dans les années bissextiles, dit Godeschal, le compte y sera.

– Taisez-vous donc ! messieurs, l'on peut entendre, dit 1915 sévèrement Boucard ; je n'ai jamais vu d'étude• où l'on plaisantât, comme vous le faites, sur les clients. »

Derville avait consigné[2] le colonel dans la chambre à coucher, quand la comtesse se présenta.

« Madame, lui dit-il, ne sachant pas s'il vous serait 1920 agréable de voir M. le comte Chabert, je vous ai séparés. Si cependant vous désiriez...

– Monsieur, c'est une attention dont je vous remercie.

– J'ai préparé la minute• d'un acte dont les conditions pourront être discutées par vous et par M. Chabert, 1925 séance tenante. J'irai alternativement de vous à lui, pour vous présenter, à l'un et à l'autre, vos raisons respectives.

– Voyons, monsieur », dit la comtesse en laissant échapper un geste d'impatience.

1930 Derville lut.

« Entre les soussignés,

« Monsieur Hyacinthe, *dit Chabert,* comte, maréchal de camp et grand-officier de la Légion d'honneur, demeurant à Paris, rue du Petit-Banquier, d'une part ;

1935 « Et la dame Rose Chapotel, épouse de monsieur le comte Chabert, ci-dessus nommé, née...

– Passez, dit-elle, laissons les préambules, arrivons aux conditions.

– Madame, dit l'avoué•, le préambule explique

---

1. *les jours pairs chez le comte Ferraud et les jours impairs chez le comte Chabert* : dans les premières éditions, Balzac avait précisé que Chabert tenait à jouir de ses droits d'époux deux jours par mois. La correction est heureuse !
2. *avait consigné* : avait ordonné de rester (encore un terme militaire).

1940 succinctement la position dans laquelle vous vous trouvez l'un et l'autre. Puis, par l'article• premier, vous reconnaissez, en présence de trois témoins, qui sont deux notaires• et le nourrisseur chez lequel a demeuré votre mari, auxquels j'ai confié sous le secret votre
1945 affaire•, et qui garderont le plus profond silence ; vous reconnaissez, dis-je, que l'individu désigné dans les actes• joints au sous-seing•, mais dont l'état• se trouve d'ailleurs établi par un acte de notoriété préparé chez Alexandre Crottat, votre notaire, est le comte Chabert,
1950 votre premier époux. Par l'article second, le comte Chabert, dans l'intérêt de votre bonheur, s'engage à ne faire usage de ses droits que dans les cas prévus par l'acte lui-même. Et ces cas, dit Derville en faisant une sorte de parenthèse, ne sont autres que la
1955 non-exécution des clauses• de cette convention secrète. De son côté, reprit-il, M. Chabert consent à poursuivre de gré à gré avec vous un jugement qui annulera son acte de décès et prononcera la dissolution de son mariage.
1960 – Ça ne me convient pas du tout, dit la comtesse étonnée, je ne veux pas de procès. Vous savez pourquoi.

– Par l'article trois, dit l'avoué• en continuant avec un flegme imperturbable, vous vous engagez à constituer
1965 au nom d'Hyacinthe, comte Chabert, une rente viagère• de vingt-quatre mille francs, inscrite sur le grandlivre de la dette• publique, mais dont le capital vous sera dévolu• à sa mort...

– Mais c'est beaucoup trop cher, dit la comtesse.
1970 – Pouvez-vous transiger• à meilleur marché ?

– Peut-être.

– Que voulez-vous donc, madame ?

– Je veux, je ne veux pas de procès, je veux...

– Qu'il reste mort, dit vivement Derville en l'interrom-
1975 pant.

– Monsieur, dit la comtesse, s'il faut vingt-quatre mille livres de rente, nous plaiderons...

– Oui, nous plaiderons, s'écria d'une voix sourde le colonel qui ouvrit la porte et apparut tout à coup
1980 devant sa femme, en tenant une main dans son gilet et

85

l'autre étendue vers le parquet, geste auquel le souvenir de son aventure donnait une horrible énergie[1].

– C'est lui, se dit en elle-même la comtesse.

– Trop cher! reprit le vieux soldat. Je vous ai donné
1985 près d'un million, et vous marchandez mon malheur. Hé bien, je vous veux maintenant vous et votre fortune. Nous sommes communs• en biens, notre mariage n'a pas cessé...

– Mais monsieur n'est pas le colonel Chabert, s'écria la
1990 comtesse en feignant la surprise.

– Ah! dit le vieillard d'un ton profondément ironique, voulez-vous des preuves? Je vous ai prise au Palais-Royal[2]...»

La comtesse pâlit. En la voyant pâlir sous son rouge, le
1995 vieux soldat, touché de la vive souffrance qu'il imposait à une femme jadis aimée avec ardeur, s'arrêta; mais il en reçut un regard si venimeux qu'il reprit tout à coup: «Vous étiez chez la[3]...

– De grâce, monsieur, dit la comtesse à l'avoué•, trou-
2000 vez bon que je quitte la place. Je ne suis pas venue ici pour entendre de semblables horreurs.»

Elle se leva et sortit. Derville s'élança dans l'étude•. La comtesse avait trouvé des ailes et s'était comme envolée. En revenant dans son cabinet, l'avoué trouva le colonel
2005 dans un violent accès de rage, et se promenant à grands pas.

«Dans ce temps-là chacun prenait sa femme où il voulait, disait-il; mais j'ai eu tort de la mal choisir, de me fier à des apparences. Elle n'a pas de cœur.

---

1. *énergie* : P. Barberis (cf. bibliographie) explique : «*Expression à dater pour la comprendre : l'énergie est liée ici à quelque chose de vulgaire, d'ordinaire, de quotidien et de bourgeois, alors qu'elle avait été si longtemps liée aux histoires héroïques, exceptionnelles, militaires, etc. Chabert n'est pas Brutus, mais il est aussi énergique. Le roman fait patiemment l'éducation d'un public formé par la tragédie et les genres nobles, et Balzac a besoin d'indiquer à son lecteur ce qui se passe dans son texte.*»

2. *le Palais-Royal* était un haut lieu de prostitution pendant le Directoire et le Consulat.

3. *chez la ...* : nom de la tenancière de maison close, que Chabert est sur le point de prononcer.

2010 – Eh bien, colonel, n'avais-je pas raison en vous priant de ne pas venir ? Je suis maintenant certain de votre identité. Quand vous vous êtes montré, la comtesse a fait un mouvement dont la pensée n'était pas équivoque. Mais vous avez perdu votre procès, votre femme sait que 2015 vous êtes méconnaissable !

– Je la tuerai...

– Folie ! vous serez pris et guillotiné comme un misérable. D'ailleurs peut-être manquerez-vous votre coup ! ce serait impardonnable, on ne doit jamais manquer sa 2020 femme quand on veut la tuer. Laissez-moi réparer vos sottises, grand enfant ! Allez-vous-en. Prenez garde à vous, elle serait capable de vous faire tomber dans quelque piège et de vous enfermer à Charenton. Je vais lui signifier• nos actes• afin de vous garantir de toute sur-2025 prise. »

Le pauvre colonel obéit à son jeune bienfaiteur, et sortit en lui balbutiant des excuses. Il descendait lentement les marches de l'escalier noir, perdu dans des sombres pensées, accablé peut-être par le coup qu'il venait de rece-2030 voir, pour lui le plus cruel, le plus profondément enfoncé dans son cœur, lorsqu'il entendit, en parvenant au dernier palier, le frôlement d'une robe, et sa femme apparut.

« Venez, monsieur », lui dit-elle en lui prenant le bras par 2035 un mouvement semblable à ceux qui lui étaient familiers autrefois.

L'action de la comtesse, l'accent de sa voix redevenue gracieuse, suffirent pour calmer la colère du colonel, qui se laissa mener jusqu'à la voiture.

2040 « Eh bien, montez donc ! » lui dit la comtesse quand le valet eut achevé de déplier le marchepied.

Et il se trouva, comme par enchantement, assis près de sa femme dans le coupé.

« Où va madame ? demanda le valet.

2045 – À Groslay », dit-elle.

Les chevaux partirent et traversèrent tout Paris.

« Monsieur ! » dit la comtesse au colonel d'un son de voix qui révélait une de ces émotions rares dans la vie, et par lesquelles tout en nous est agité.

2050 En ces moments, cœur, fibres, nerfs, physionomie, âme

et corps, tout, chaque pore même tressaille. La vie
semble ne plus être en nous ; elle en sort et jaillit, elle se
communique comme une contagion, se transmet par le
regard, par l'accent de la voix, par le geste, en imposant
2055 notre vouloir aux autres. Le vieux soldat tressaillit en
entendant ce seul mot, ce premier, ce terrible : « Monsieur ! » Mais aussi était-ce tout à la fois un reproche, une
prière, un pardon, une espérance, un désespoir, une
interrogation, une réponse. Ce mot comprenait tout. Il
2060 fallait être comédienne pour jeter tant d'éloquence, tant
de sentiments dans un mot. Le vrai n'est pas si complet
dans son expression, il ne met pas tout en dehors, il
laisse voir tout ce qui est au-dedans. Le colonel eut mille
remords de ses soupçons, de ses demandes, de sa
2065 colère, et baissa les yeux pour ne pas laisser deviner son
trouble.
« Monsieur, reprit la comtesse après une pause imper-
ceptible, je vous ai bien reconnu !
– Rosine, dit le vieux soldat, ce mot contient le seul
2070 baume qui pût me faire oublier mes malheurs. »
Deux grosses larmes roulèrent toutes chaudes sur les
mains de sa femme, qu'il pressa pour exprimer une tendresse paternelle.
« Monsieur, reprit-elle, comment n'avez-vous pas deviné
2075 qu'il me coûtait horriblement de paraître devant un
étranger dans une position aussi fausse que l'est la
mienne ! Si j'ai à rougir de ma situation, que ce ne soit au
moins qu'en famille. Ce secret ne devait-il pas rester
enseveli dans nos cœurs ? Vous m'absoudrez, j'espère, de
2080 mon indifférence apparente pour les malheurs d'un Chabert à l'existence duquel je ne devais pas croire. J'ai reçu
vos lettres, dit-elle vivement, en lisant sur les traits de
son mari l'objection qui s'y exprimait, mais elles me
parvinrent treize mois après la bataille d'Eylau ; elles
2085 étaient ouvertes, salies, l'écriture en était méconnaissable, et j'ai dû croire, après avoir obtenu la signature de
Napoléon sur mon nouveau contrat de mariage, qu'un
adroit intrigant voulait se jouer de moi. Pour ne pas trou-
bler le repos de M. le comte Ferraud, et ne pas altérer les
2090 liens de la famille, j'ai donc dû prendre des précautions
contre un faux Chabert. N'avais-je pas raison, dites ?

– Oui, tu as eu raison, c'est moi qui suis un sot, un animal, une bête, de n'avoir pas su mieux calculer les conséquences d'une situation semblable. Mais où allons-nous ? dit le colonel en se voyant à la barrière de la Chapelle.

– À ma campagne, près de Groslay, dans la vallée de Montmorency. Là, monsieur, nous réfléchirons ensemble au parti que nous devons prendre. Je connais mes devoirs. Si je suis à vous en droit, je ne vous appartiens plus en fait. Pouvez-vous désirer que nous devenions la fable de tout Paris ? N'instruisons pas le public de cette situation qui pour moi présente un côté ridicule, et sachons garder notre dignité. Vous m'aimez encore, reprit-elle en jetant sur le colonel un regard triste et doux ; mais moi, n'ai-je pas été autorisée à former d'autres liens ? En cette singulière position, une voix secrète me dit d'espérer en votre bonté qui m'est si connue. Aurais-je donc tort en vous prenant pour seul et unique arbitre de mon sort ? Soyez juge et partie*. Je me confie à la noblesse de votre caractère. Vous aurez la générosité de me pardonner les résultats de fautes innocentes. Je vous l'avouerai donc, j'aime M. Ferraud. Je me suis crue en droit de l'aimer. Je ne rougis pas de cet aveu devant vous ; s'il vous offense, il ne nous déshonore point. Je ne puis vous cacher les faits. Quand le hasard m'a laissée veuve, je n'étais pas mère. »

Le colonel fit un signe de main à sa femme, pour lui imposer silence, et ils restèrent sans proférer un seul mot pendant une demi-lieue. Chabert croyait voir les deux petits enfants devant lui.

« Rosine !

– Monsieur ?

– Les morts ont donc bien tort de revenir ?

– Oh ! monsieur, non, non ! Ne me croyez pas ingrate. Seulement, vous trouvez une amante, une mère, là où vous aviez laissé une épouse. S'il n'est plus en mon pouvoir de vous aimer, je sais tout ce que je vous dois et puis vous offrir encore toutes les affections d'une fille.

– Rosine, reprit le vieillard d'une voix douce, je n'ai

89

plus aucun ressentiment contre toi. Nous oublierons
tout, ajouta-t-il avec un de ces sourires dont la grâce est
2135 toujours le reflet d'une belle âme. Je ne suis pas assez
peu délicat pour exiger les semblants de l'amour chez
une femme qui n'aime plus. »

La comtesse lui lança un regard empreint d'une telle
reconnaissance, que le pauvre Chabert aurait voulu
2140 rentrer dans sa fosse d'Eylau. Certains hommes ont
une âme assez forte pour de tels dévouements, dont la
récompense se trouve pour eux dans la certitude
d'avoir fait le bonheur d'une personne aimée.

« Mon ami, nous parlerons de tout ceci plus tard et à
2145 cœur reposé », dit la comtesse.

La conversation prit un autre cours, car il était impossible de la continuer longtemps sur ce sujet. Quoique
les deux époux revinssent souvent à leur situation
bizarre, soit par des allusions, soit sérieusement, ils
2150 firent un charmant voyage, se rappelant les événements de leur union passée et les choses de l'Empire.
La comtesse sut imprimer un charme doux à ces souvenirs, et répandit dans la conversation une teinte de
mélancolie nécessaire pour y maintenir la gravité. Elle
2155 faisait revivre l'amour sans exciter aucun désir, et laissait entrevoir à son premier époux toutes les richesses
morales qu'elle avait acquises, en tâchant de l'accoutu-
mer à l'idée de restreindre son bonheur aux seules
jouissances que goûte un père près d'une fille chérie.
2160 Le colonel avait connu la comtesse de l'Empire, il
revoyait une comtesse de la Restauration. Enfin les
deux époux arrivèrent par un chemin de traverse à un
grand parc situé dans la petite vallée qui sépare les
hauteurs de Margency du joli village de Groslay. La
2165 comtesse possédait là une délicieuse maison où le
colonel vit, en arrivant, tous les apprêts que nécessi-
taient son séjour et celui de sa femme. Le malheur est
une espèce de talisman dont la vertu consiste à corroborer[1] notre constitution primitive : il augmente la

---

1. *corroborer* ; renforcer.

2170 défiance et la méchanceté chez certains hommes,
comme il accroît la bonté de ceux qui ont un cœur
excellent. L'infortune avait rendu le colonel encore
plus secourable et meilleur qu'il ne l'avait été, il pouvait donc s'initier au secret des souffrances féminines
2175 qui sont inconnues à la plupart des hommes. Néanmoins, malgré son peu de défiance, il ne put s'empêcher de dire à sa femme : «Vous étiez donc bien sûre
de m'emmener ici ?
– Oui, répondit-elle, si je trouvais le colonel Chabert
2180 dans le plaideur•. »
L'air de vérité qu'elle sut mettre dans cette réponse
dissipa les légers soupçons que le colonel eut honte
d'avoir conçus.

*Les grands boulevards au début du XIXᵉ siècle.
Lithographie de Jules Van Marcke.*

Questions

Compréhension

1. *Pour quelles raisons Balzac a-t-il retardé la rencontre de Chabert et de sa femme ? Comment prolonge-t-il encore l'attente du lecteur ? Par quoi le face-à-face est-il finalement provoqué ?*

2. *Comment comprenez-vous le geste du colonel à l'égard de Simonnin (l. 1902) ?*

3. *Pourquoi les «préambules» (l. 1937) exaspèrent-ils la comtesse ? Qu'en déduisez-vous ?*

4. *Quelles valeurs symboliques la dissimulation et l'apparition de Chabert revêtent-elles ?*

5. *Derville est-il aussi optimiste qu'à la fin de sa visite chez la comtesse (cf. l. 1828) ? Justifiez sa réaction (cf. l. 2010 à 2025).*

6. *Où se déroulent les deux conversations ? Quels déplacements constatez-vous ?*

7. *Quels arguments la comtesse emploie-t-elle pour convaincre son mari ? Comment les jugez-vous ? En quoi illustrent-ils simultanément leurs deux caractères ?*

8. *En quoi les deux époux s'opposent-ils radicalement ? Ne vous contentez pas d'une seule réponse et relevez deux expressions qui résument leur situation.*

9. *Une transaction* a-t-elle eu lieu ?*

10. *À quoi vous attendez-vous désormais ?*

Écriture

11. *Comment le début du passage participe-t-il à la mise en scène de la rencontre ? Soyez particulièrement attentif aux parallélismes et aux oppositions.*

12. *Dans le premier paragraphe, relevez des marques d'intervention* : revêtent-elles un engagement du romancier ?*

13. *Quelles figures* suggèrent-elles une concurrence ou une fusion entre deux arts ? Utilisez votre dossier iconographique (cf. p. 45, question 20) et la bibliographie (cf. annexes) pour préciser les enjeux du portrait balzacien.*

14. *Sur quoi l'intensité dramatique de la première rencontre repose-t-elle ? Constatez-vous une accélération du récit ?*

15. *Par quels procédés Balzac souligne-t-il le renversement de*

situation entre les deux entretiens ? Étudiez notamment les oppositions de tons et de registres dans les propos des époux.

16. *De quelle manière le romancier ôte-t-il au lecteur la moindre hésitation sur la sincérité de la comtesse ? Comment ménage-t-il néanmoins sa curiosité ?*

17. «Le colonel avait connu la comtesse de l'Empire, il revoyait une comtesse de la Restauration.» *Commentez (l. 2160).*

18. *Comment Balzac développe-t-il ici le thème de la reconnaissance ?*

Mise en scène / Mise en perspective

19. *Quel découpage* cinématographique le premier paragraphe suggère-t-il ? A-t-il été choisi par des réalisateurs comme René Le Hénaff et Yves Angelo ? Qu'en déduisez-vous ?*

20. *La littérature et le cinéma présentent souvent la conversation d'un couple, légitime ou non, au cours d'un trajet en voiture ; cherchez-en des exemples susceptibles d'être comparés avec cette scène du Colonel Chabert.*

21. *Lisez à haute voix les paroles de la comtesse (l. 2074 à 2091) de manière à exprimer sa duplicité. Aidez-vous au besoin d'interprétations professionnelles (cf. filmographie). Que ressentez-vous ?*

22. «Le vrai n'est pas si complet dans son expression, il ne met pas tout en dehors, il laisse voir tout ce qui est au-dedans» *(l. 2061). Après vous être reporté au contexte de cette phrase, cherchez d'autres passages de La Comédie humaine qui illustrent la force du mensonge.*

N.B. *Voir suggestions de groupements thématiques, en annexes.*

Costumes du XIXe siècle.
Gravure et dessin de Gabriel.

Pendant trois jours la comtesse fut admirable près de
2185 son premier mari. Par de tendres soins et par sa
constante douceur elle semblait vouloir effacer le souvenir des souffrances qu'il avait endurées, se faire pardonner les malheurs que, suivant ses aveux, elle avait inno-
cemment causés ; elle se plaisait à déployer pour lui, tout
2190 en lui faisant apercevoir une sorte de mélancolie, les
charmes auxquels elle le savait faible ; car nous sommes
plus particulièrement accessibles à certaines façons, à
des grâces de cœur ou d'esprit auxquelles nous ne résis-
tons pas ; elle voulait l'intéresser à sa situation, et l'at-
2195 tendrir assez pour s'emparer de son esprit et disposer
souverainement de lui. Décidée à tout pour arriver à ses
fins, elle ne savait pas encore ce qu'elle devait faire de
cet homme, mais certes elle voulait l'anéantir sociale-
ment. Le soir du troisième jour elle sentit que, malgré
2200 ses efforts, elle ne pouvait cacher les inquiétudes que lui
causait le résultat de ses manœuvres. Pour se trouver un
moment à l'aise, elle monta chez elle, s'assit à son secrétaire, déposa le masque de tranquillité qu'elle conservait
devant le comte Chabert, comme une actrice qui, ren-
2205 trant fatiguée dans sa loge après un cinquième acte
pénible, tombe demi-morte et laisse dans la salle une
image d'elle-même à laquelle elle ne ressemble plus.
Elle se mit à finir une lettre commencée qu'elle écrivait
à Delbecq, à qui elle disait d'aller, en son nom, deman-
2210 der chez Derville communication des actes* qui concer-
naient le colonel Chabert, de les copier et de venir aussitôt la trouver à Groslay. À peine avait-elle achevé,
qu'elle entendit dans le corridor le bruit des pas du colonel, qui, tout inquiet, venait la retrouver.
2215 « Hélas ! dit-elle à haute voix, je voudrais être morte ! Ma
situation est intolérable...
– Eh bien, qu'avez-vous donc ? demanda le bonhomme.
– Rien, rien », dit-elle.
Elle se leva, laissa le colonel et descendit pour parler
2220 sans témoin à sa femme de chambre, qu'elle fit partir
pour Paris, en lui recommandant de remettre elle-même
à Delbecq la lettre qu'elle venait d'écrire, et de la lui
rapporter aussitôt qu'il l'aurait lue. Puis la comtesse alla
s'asseoir sur un banc où elle était assez en vue pour que

2225 le colonel vînt l'y trouver aussitôt qu'il le voudrait. Le
colonel, qui déjà cherchait sa femme, accourut et s'assit
près d'elle.

«Rosine, lui dit-il, qu'avez-vous?»

Elle ne répondit pas. La soirée était une de ces soirées
2230 magnifiques et calmes dont les secrètes harmonies
répandent, au mois de juin, tant de suavité dans les cou-
chers du soleil. L'air était pur et le silence profond, en
sorte que l'on pouvait entendre dans le lointain du parc
les voix de quelques enfants qui ajoutaient une sorte de
2235 mélodie aux sublimités du paysage.

«Vous ne me répondez pas? demanda le colonel à sa
femme.

– Mon mari...», dit la comtesse, qui s'arrêta, fit un mouvement, et s'interrompit pour lui demander en rougis-
2240 sant : «Comment dirai-je en parlant de M. le comte Ferraud?

– Nomme-le ton mari, ma pauvre enfant, répondit le
colonel avec un accent de bonté, n'est-ce pas le père de
tes enfants?

2245 – Eh bien, reprit-elle, si monsieur me demande ce que
je suis venue faire ici, s'il apprend que je m'y suis enfer-
mée avec un inconnu, que lui dirai-je? Écoutez, monsieur, reprit-elle en prenant une attitude pleine de
dignité, décidez de mon sort, je suis résignée à tout...

2250 – Ma chère, dit le colonel en s'emparant des mains de
sa femme, j'ai résolu de me sacrifier entièrement à votre
bonheur...

– Cela est impossible, s'écria-t-elle en laissant échapper
un mouvement convulsif. Songez donc que vous devriez
2255 alors renoncer à vous-même et d'une manière authentique[1]...

– Comment, dit le colonel, ma parole ne vous suffit
pas?»

Le mot *authentique* tomba sur le cœur du vieillard et y

---

1. *authentique* : au sens le plus juridique. «Se dit d'un acte émané d'un officier
public accompagné de formalités et devant faire foi jusqu'à inscription de faux»
(Littré).

2260 réveilla des défiances involontaires. Il jeta sur sa femme un regard qui la fit rougir, elle baissa les yeux, et il eut peur de se trouver obligé de la mépriser. La comtesse craignait d'avoir effarouché la sauvage pudeur[1], la probité sévère d'un homme dont le caractère généreux, les
2265 vertus primitives lui étaient connus. Quoique ces idées eussent répandu quelques nuages sur leurs fronts, la bonne harmonie se rétablit aussitôt entre eux. Voici comment. Un cri d'enfant retentit au loin.

« Jules, laissez votre sœur tranquille, s'écria la comtesse.
2270 — Quoi! vos enfants sont ici? dit le colonel.
— Oui, mais je leur ai défendu de vous importuner. »
Le vieux soldat comprit la délicatesse, le tact de femme renfermé dans ce procédé si gracieux, et prit la main de la comtesse pour la baiser.
2275 « Qu'ils viennent donc », dit-il.
La petite fille accourait pour se plaindre de son frère.
« Maman!
— Maman!
— C'est lui qui...
2280 — C'est elle... »
Les mains étaient étendues vers la mère, et les deux voix enfantines se mêlaient. Ce fut un tableau soudain et délicieux!

« Pauvres enfants! s'écria la comtesse en ne retenant
2285 plus ses larmes, il faudra les quitter ; à qui le jugement les donnera-t-il? On ne partage pas un cœur de mère, je les veux, moi!
— Est-ce vous qui faites pleurer maman? dit Jules en jetant un regard de colère au colonel.
2290 — Taisez-vous, Jules », s'écria la mère d'un air impérieux.
Les deux enfants restèrent debout et silencieux, examinant leur mère et l'étranger avec une curiosité qu'il est impossible d'exprimer par des paroles.

---

1. *pudeur* : honneur, « sorte de discrétion, de retenue, de modestie, qui empêche de dire, d'entendre ou de faire certaines choses sans embarras » (Littré).

2295 « Oh! oui, reprit-elle, si l'on me sépare du comte, qu'on me laisse les enfants, et je serai soumise à tout... »

Ce fut un mot décisif qui obtint tout le succès qu'elle en avait espéré.

« Oui, s'écria le colonel comme s'il achevait une phrase
2300 mentalement commencée, je dois rentrer sous terre. Je me le suis déjà dit.

– Puis-je accepter un tel sacrifice? répondit la comtesse. Si quelques hommes sont morts pour sauver l'honneur de leur maîtresse, ils n'ont donné leur vie
2305 qu'une fois. Mais ici vous donneriez votre vie tous les jours! Non, non, cela est impossible. S'il ne s'agissait que de votre existence, ce ne serait rien ; mais signer que vous n'êtes pas le colonel Chabert, reconnaître que vous êtes un imposteur, donner votre honneur, commettre un
2310 mensonge à toute heure du jour, le dévouement humain ne saurait aller jusque-là. Songez donc! Non. Sans mes pauvres enfants, je me serais déjà enfuie avec vous au bout du monde...

– Mais, reprit Chabert, est-ce que je ne puis pas vivre
2315 ici, dans votre petit pavillon, comme un de vos parents? Je suis usé comme un canon de rebut, il ne me faut qu'un peu de tabac et *Le Constitutionnel*[1]. »

La comtesse fondit en larmes. Il y eut entre la comtesse Ferraud et le colonel Chabert un combat de générosité
2320 d'où le soldat sortit vainqueur. Un soir, en voyant cette mère au milieu de ses enfants, le soldat fut séduit par les touchantes grâces d'un tableau de famille, à la campagne, dans l'ombre et le silence ; il prit la résolution de rester mort, et, ne s'effrayant plus de l'authenticité d'un
2325 acte•, il demanda comment il fallait s'y prendre pour assurer irrévocablement le bonheur de cette famille.

« Faites comme vous voudrez! lui répondit la comtesse,

---

1. *Le Constitutionnel* : journal de la gauche libérale et des bonapartistes, sous la Restauration. Pierre Citron (cf. bibliographie) note que « *Balzac n'a certainement pas pris garde au fait que cette allusion, possible dans les éditions de 1832 et 1835, où l'action se passe en 1816 ou 1817, ne l'est plus dans la version de 1844 : Le Constitutionnel, supprimé en juillet 1817, ne reparut sous ce titre qu'en mai 1819* ».

je vous déclare que je ne me mêlerai en rien de cette affaire. Je ne le dois pas. »

2330 Delbecq était arrivé depuis quelques jours, et, suivant les instructions verbales de la comtesse, l'intendant avait su gagner la confiance du vieux militaire. Le lendemain matin donc, le colonel Chabert partit avec l'ancien avoué• pour Saint-Leu-Taverny, où Delbecq avait fait

2335 préparer chez le notaire un acte• conçu en termes si crus que le colonel sortit brusquement de l'étude après en avoir entendu la lecture.

« Mille tonnerres ! je serais un joli coco ! Mais je passerais pour un faussaire, s'écria-t-il.

2340 – Monsieur, lui dit Delbecq, je ne vous conseille pas de signer trop vite. À votre place je tirerais au moins trente mille livres de rente de ce procès-là, car madame les donnerait. »

Après avoir foudroyé ce coquin émérite par le lumineux

2345 regard de l'honnête homme indigné, le colonel s'enfuit emporté par mille sentiments contraires. Il redevint défiant, s'indigna, se calma tour à tour. Enfin il entra dans le parc de Groslay par la brèche d'un mur, et vint à pas lents se reposer et réfléchir à son aise dans un cabi-

2350 net[1] pratiqué sous un kiosque d'où l'on découvrait le chemin de Saint-Leu. L'allée étant sablée avec cette espèce de terre jaunâtre par laquelle on remplace le gravier de rivière, la comtesse, qui était assise dans le petit salon de cette espèce de pavillon, n'entendit pas le colo-

2355 nel, car elle était trop préoccupée du succès de son affaire pour prêter la moindre attention au léger bruit que fit son mari. Le vieux soldat n'aperçut pas non plus sa femme au-dessus de lui dans le petit pavillon.

« Hé bien, monsieur Delbecq, a-t-il signé ? demanda la

2360 comtesse à son intendant qu'elle vit seul sur le chemin par-dessus la haie d'un saut-de-loup[2].

– Non, madame. Je ne sais même pas ce que notre homme est devenu. Le vieux cheval s'est cabré.

1. *cabinet* : ici, au sens de « petit lieu couvert dans un jardin » (Littré).
2. *saut-de-loup* : fossé (qui entoure la propriété).

– Il faudra donc finir par le mettre à Charenton, dit-elle,
2365 puisque nous le tenons.»

Le colonel, qui retrouva l'élasticité de la jeunesse pour
franchir le saut-de-loup, fut en un clin d'œil devant l'intendant, auquel il appliqua la plus belle paire de souf-
flets qui jamais ait été reçue sur deux joues de pro-
2370 cureur•.

«Ajoute que les vieux chevaux savent ruer», lui dit-il.

Cette colère dissipée, le colonel ne se sentit plus la
force de sauter le fossé. La vérité s'était montrée dans
sa nudité. Le mot de la comtesse et la réponse de Del-
2375 becq avaient dévoilé le complot dont il allait être la victime. Les soins qui lui avaient été prodigués étaient une
amorce pour le prendre dans un piège. Ce mot fut
comme une goutte de quelque poison subtil qui déter-
mina chez le vieux soldat le retour de ses douleurs et
2380 physiques et morales. Il revint vers le kiosque par la
porte du parc, en marchant lentement, comme un
homme affaissé. Donc, ni paix ni trêve pour lui! Dès ce
moment il fallait commencer avec cette femme la
guerre odieuse dont lui avait parlé Derville, entrer dans
2385 une vie de procès, se nourrir de fiel, boire chaque
matin un calice d'amertume. Puis, pensée affreuse, où
trouver l'argent nécessaire pour payer les frais des premières instances•? Il lui prit un si grand dégoût de la
vie, que s'il y avait eu de l'eau près de lui il s'y serait
2390 jeté, que s'il avait eu des pistolets il se serait brûlé la
cervelle. Puis il retomba dans l'incertitude d'idées qui,
depuis sa conversation avec Derville chez le nourrisseur, avait changé son moral. Enfin, arrivé devant le
kiosque, il monta dans le cabinet aérien dont les
2395 rosaces de verre offraient la vue de chacune des ravis-
santes perspectives de la vallée, et où il trouva sa
femme assise sur une chaise. La comtesse examinait le
paysage et gardait une contenance pleine de calme en
montrant cette impénétrable physionomie que savent
2400 prendre les femmes déterminées à tout. Elle s'essuya
les yeux comme si elle eût versé des pleurs, et joua par
un geste distrait avec le long ruban rose de sa ceinture.
Néanmoins, malgré son assurance apparente, elle ne
put s'empêcher de frissonner en voyant devant elle son

2405 vénérable bienfaiteur, debout, les bras croisés, la figure
pâle, le front sévère.

« Madame, dit-il après l'avoir regardée fixement pendant
un moment et l'avoir forcée à rougir, madame, je ne
vous maudis pas, je vous méprise. Maintenant, je remer-
2410 cie le hasard qui nous a désunis. Je ne sens même pas un
désir de vengeance, je ne vous aime plus. Je ne veux rien
de vous. Vivez tranquille sur la foi de ma parole, elle
vaut mieux que les griffonnages de tous les notaires• de
Paris. Je ne réclamerai jamais le nom que j'ai peut-être
2415 illustré. Je ne suis plus qu'un pauvre diable nommé Hyacinthe, qui ne demande que sa place au soleil. Adieu... »
La comtesse se jeta aux pieds du colonel, et voulut le
retenir en lui prenant les mains ; mais il la repoussa avec
dégoût, en lui disant : « Ne me touchez pas. »
2420 La comtesse fit un geste intraduisible lorsqu'elle entendit le bruit des pas de son mari. Puis, avec la profonde
perspicacité que donne une haute scélératesse ou le
féroce égoïsme du monde, elle crut pouvoir vivre en paix
sur la promesse et le mépris de ce loyal soldat.
2425 Chabert disparut en effet. Le nourrisseur fit faillite et
devint cocher de cabriolet. Peut-être le colonel
s'adonna-t-il d'abord à quelque industrie[1] du même
genre. Peut-être, semblable à une pierre lancée dans un
gouffre, alla-t-il, de cascade en cascade, s'abîmer dans
2430 cette boue de haillons qui foisonne à travers les rues de
Paris.

---

1. *industrie* : activité, métier.

Questions

Compréhension

1. *Identifiez les lieux et les moments de l'action. Quelles significations leur donnez-vous ?*

2. *Trouvez-vous que la scène des enfants constitue « un tableau soudain et délicieux » comme l'écrit Balzac ? Qu'apporte-t-elle au récit ? Quelle nouvelle opposition développe-t-elle ? En quoi confirme-t-elle la situation du colonel ?*

3. *Qu'ajoute la comtesse à l'hypocrisie ?*

4. *Par quoi Chabert est-il vaincu ? Balzac avait-il préparé sa réaction ? Justifiez votre réponse en citant quelques phrases de passages antérieurs.*

5. *Comment le thème de la noblesse est-il traité ici ? Quel rôle y joue la notion de sacrifice ?*

6. *Pourquoi peut-on considérer ce passage comme un dénouement partiel du roman ? Qu'ignorons-nous encore ? Que pensez-vous du titre La Transaction que Balzac avait donné à cette partie (pp. 49-101) dans l'édition de 1835 ?*

Écriture

7. *Le rythme du récit a-t-il changé ? Quels effets Balzac en tire-t-il ?*

8. *Citez plusieurs exemples de phrases à double sens ; dans quel but le romancier les utilise-t-il ?*

9. *Quels procédés* soulignent la cruauté de la comtesse, sa ruse, sa volonté de puissance ? Expliquez notamment sa réponse (l. 2327) : « Faites comme vous voudrez ! [...] je vous déclare que je ne me mêlerai en rien de cette affaire. Je ne le dois pas. » La suite du passage confirme-t-elle cette intention ?*

10. *Étudiez les rôles de l'énonciation* et des points de vue* dans la révélation de la vérité.*

11. *« Ajoute que les vieux chevaux savent ruer. » Commentez (l. 2371).*

12. *Quelles perspectives la dernière phrase ouvre-t-elle ?*

Mise en scène / Mise en perspective

13. *Répertoriez les gestes, les attitudes et les jeux de physionomie*

des personnages à la fin du texte (à partir de « La comtesse exami-
nait le paysage », (l. 2397). Mimez-les. Que ressentez-vous ? Qu'en
déduisez-vous ?

14. *Proposez un découpage* cinématographique pour le moment*
de la révélation (de « Après avoir foudroyé ce coquin émérite »
(l. 2344) jusqu'à « la figure pâle, le front sévère » (l. 2406). Justi-
fiez-le.

15. *La dernière phrase est-elle adaptable à l'écran ? Comment*
tourneriez-vous cette difficulté ?

N.B. *Voir suggestions de groupements thématiques, en annexes.*

La place du Chatelet en 1810, *par*
Étienne Boyhot. Musée Carnavalet.

Bilan

L'action

• Ce que nous savons

– Les jours, les semaines et les mois se sont succédé. Des épisodes diurnes ont éloigné temporairement les « nuits » de la première « partie ». Après la « belle matinée du mois de juin » qui ouvre la confrontation chez Derville, une « soirée » « magnifique » et « calme » introduit la scène des enfants...

– Mais la lumière est faite sur le complot : Chabert « disparaît » (l. 2425) alors, condamné à retomber dans l'indistinct et l'inconnu d'un « gouffre » (l. 2429) qui échappe au romancier lui-même (« Peut-être le colonel s'adonna-t-il d'abord à quelque industrie [...] » [l. 2426]). Le personnage « échappe » donc en quelque sorte à son créateur pour hanter l'Histoire... et l'imagination du lecteur !

– L'univers juridique a progressivement pris le pas sur l'épopée napoléonienne : dans l'évocation de la Restauration comme dans les paroles de la comtesse, le juridisme• et l'intérêt dominent : Chabert « effacé », lui que le romancier présente comme « un de ces hommes héroïques sur lesquels se reflète notre gloire nationale, et qui la représentent comme un éclat de glace illuminé par le soleil semble en réfléchir tous les rayons » (l. 1869), l'Histoire, avec son héros, sombre dans l'abîme, « semblable à une pierre lancée dans un gouffre » (l. 2428).

– Les sentiments ne résistent pas davantage : l'amour est vaincu par l'égoïsme, la noblesse d'âme est vaine, aucune reconnaissance n'est possible ; l'intrigue sentimentale s'achève par la victoire de « la femme sans cœur ».

Ce premier dénouement du Colonel Chabert exile donc le revenant dans une « île indéfinie » qui ne saurait lui rendre son prestige ni son identité.

• À quoi nous attendre ?

1. *La comtesse expiera-t-elle ses fautes ?*
2. *Le sens de l'Histoire a-t-il disparu avec le colonel ?*
3. *Quels nouveaux événements peuvent encore relancer ou dénouer l'action ?*

Les personnages

• **Ce que nous savons**

– Personnage «singulier» (l. 435) dans tous les sens du terme, Chabert a été décrit dans son humanité; pourtant, avec les Vergniaud, la comtesse et les enfants Ferraud, il a révélé une bonté, une grandeur d'âme qui déplacent et confirment son héroisme; ses vertus «domestiques» et sa valeur militaire, scellées dans le devoir et le sacrifice, prouvent qu'«en temps de paix comme en temps de guerre», alors même qu'il devient un exemple de déchéance sociale, le soldat de l'Empire reste un modèle de grandeur morale.

– Personnage commun, la comtesse Ferraud a révélé sa dangereuse duplicité et son odieuse ingratitude; son «succès» ne saurait dissimuler sa misère morale, ce véritable «cancer» (l. 1632) de «secrets de vie et de mort» (l. 1616) ensevelis en elle; sa «haute scélératesse» (l. 2422) et son «égoïsme mondain» de parvenue font d'elle, un an après La Peau de chagrin, un nouvel exemple de «femme sans cœur», un nouveau symbole de la société.

– Personnage nécessaire à l'intrigue, Derville a révélé son habileté en rendant possible la rencontre du colonel et de la comtesse, mais il s'est vu «subtiliser» son client malgré ses mises en garde.

– Personnages secondaires mais utiles, Crottat et Vergniaud participent à l'évocation des univers juridique et militaire; ils relient aussi Le Colonel Chabert à La Comédie humaine, dans laquelle ils réapparaissent.

• **À quoi nous attendre?**

1. Reverrons-nous Chabert?
2. Et la comtesse?
3. Derville peut-il encore jouer un rôle? Lequel?

Écriture

• **Ce que nous savons**

– Une satire morale vient compléter la satire sociale: refusant tout pathétique, Balzac trouve dans la sécheresse de la séparation l'arme la plus efficace pour dénoncer la corruption des mœurs.

– Les rebondissements de l'intrigue n'ont pas affaibli les enjeux historiques; dans une digression caractéristique de son style, le romancier a intégré la réalité à la fiction, l'Histoire au roman, et réussi, en quelque sorte, à extraire son récit de l'imaginaire, à donner à ses personnages une existence historique.

– Le démiurge s'est affirmé enfin : romancier, moraliste, mais aussi peintre, historien, physiologiste ou huissier, Balzac revendique toutes les approches possibles d'une même réalité pour tenter de l'expliquer à son lecteur avant de lui en faire sentir l'insondable profondeur.

• **À quoi nous attendre ?**

1. *Comment la fin du récit relancera-t-elle l'intérêt du lecteur ?*
2. *À qui Balzac laissera-t-il le dernier mot, au narrateur, au moraliste ou à l'historien ? Peut-il concilier les trois ?*

Reproduction d'une eau forte pour Le Colonel Chabert

Six mois après cet événement, Derville, qui n'entendait plus parler ni du colonel Chabert ni de la comtesse Ferraud, pensa qu'il était survenu sans doute entre eux une
2435 transaction*, que, par vengeance, la comtesse avait fait dresser dans une autre étude*. Alors, un matin, il supputa[1] les sommes avancées audit Chabert, y ajouta les frais, et pria la comtesse Ferraud de réclamer à M. le comte Chabert le montant de ce mémoire*, en présu-
2440 mant qu'elle savait où se trouvait son premier mari.

Le lendemain même, l'intendant du comte Ferraud, récemment nommé président du tribunal* de première instance dans une ville importante, écrivit à Derville ce mot désolant :
2445 « Monsieur,

« Mme la comtesse Ferraud me charge de vous prévenir que votre client avait complètement abusé de votre confiance, et que l'individu qui disait être le comte Chabert a reconnu avoir indûment[2] pris de fausses qualités.
2450 « Agréez, etc.

« DELBECQ. »

« On rencontre des gens qui sont aussi, ma parole d'honneur, par trop bêtes. Ils ont volé le baptême, s'écria Derville. Soyez donc humain, généreux, philanthrope et
2455 avoué*, vous vous faites enfoncer ! Voilà une affaire qui me coûte plus de deux billets de mille francs. »

Quelque temps après la réception de cette lettre, Derville cherchait au Palais* un avocat* auquel il voulait parler, et qui plaidait à la Police correctionnelle*. Le
2460 hasard voulut que Derville entrât à la Sixième Chambre* au moment où le président condamnait comme vagabond le nommé Hyacinthe à deux mois de prison, et ordonnait qu'il fût ensuite conduit au dépôt de mendicité de Saint-Denis, sentence qui, d'après la jurispru-
2465 dence* des préfets de police, équivaut à une détention perpétuelle. Au nom d'Hyacinthe, Derville regarda le délinquant assis entre deux gendarmes sur le banc des

---

1. *supputa* : évalua.
2. *indûment* : sans y avoir droit.

prévenus•, et reconnut, dans la personne du condamné,
son faux colonel Chabert. Le vieux soldat était calme,
2470 immobile, presque distrait. Malgré ses haillons, malgré
la misère empreinte sur sa physionomie, elle déposait[1]
d'une noble fierté. Son regard avait une expression de
stoïcisme qu'un magistrat n'aurait pas dû méconnaître ;
mais, dès qu'un homme tombe entre les mains de la
2475 justice, il n'est plus qu'un être moral, une question• de
Droit• ou de Fait•, comme aux yeux des statisticiens il
devient un chiffre. Quand le soldat fut reconduit au
Greffe• pour être emmené plus tard avec la fournée de
vagabonds que l'on jugeait en ce moment, Derville usa
2480 du droit qu'ont les avoués• d'entrer partout au Palais•,
l'accompagna au Greffe et l'y contempla pendant quelques instants, ainsi que les curieux mendiants parmi lesquels il se trouvait. L'antichambre du Greffe offrait alors
un de ces spectacles que malheureusement ni les législa-
2485 teurs, ni les philanthropes, ni les peintres, ni les écrivains ne viennent étudier. Comme tous les laboratoires
de la chicane•, cette antichambre est une pièce obscure
et puante, dont les murs sont garnis d'une banquette en
bois noirci par le séjour perpétuel des malheureux qui
2490 viennent à ce rendez-vous de toutes les misères sociales,
et auquel pas un d'eux ne manque. Un poète dirait que
le jour a honte d'éclairer ce terrible égout par lequel
passent tant d'infortunes ! Il n'est pas une seule place où
ne se soit assis quelque crime en germe ou consommé ;
2495 pas un seul endroit où ne se soit rencontré quelque
homme qui, désespéré par la légère flétrissure que la
justice avait imprimée à sa première faute, n'ait
commencé une existence au bout de laquelle devait se
dresser la guillotine, ou détoner le pistolet du suicide.
2500 Tous ceux qui tombent sur le pavé de Paris rebondissent
contre ces murailles jaunâtres, sur lesquelles un philanthrope qui ne serait pas un spéculateur pourrait
déchiffrer la justification des nombreux suicides dont se
plaignent des écrivains hypocrites, incapables de faire

---

1. *elle déposait* : elle témoignait.

2505 un pas pour les prévenir, et qui se trouve écrite dans cette antichambre, espèce de préface pour les drames de la Morgue ou pour ceux de la place de Grève[1]. En ce moment le colonel Chabert s'assit au milieu de ces hommes à faces énergiques, vêtus des horribles livrées[2]
2510 de la misère, silencieux par intervalles, ou causant à voix basse, car trois gendarmes de faction se promenaient en faisant retentir leurs sabres sur le plancher.

«Me reconnaissez-vous? dit Derville au vieux soldat en se plaçant devant lui.

2515 – Oui, monsieur, répondit Chabert en se levant.

– Si vous êtes un honnête homme, reprit Derville à voix basse, comment avez-vous pu rester mon débiteur?»

Le vieux soldat rougit comme aurait pu le faire une jeune fille accusée par sa mère d'un amour clandestin.

2520 «Quoi! Mme Ferraud ne vous a pas payé? s'écria-t-il à haute voix.

– Payé! dit Derville. Elle m'a écrit que vous étiez un intrigant.»

Le colonel leva les yeux par un sublime mouvement
2525 d'horreur et d'imprécation[3], comme pour en appeler au ciel de cette tromperie nouvelle.

«Monsieur, dit-il d'une voix calme à force d'altération, obtenez des gendarmes la faveur de me laisser entrer au Greffe•, je vais vous signer un mandat qui sera certaine-
2530 ment acquitté.»

Sur un mot dit par Derville au brigadier, il lui fut permis d'emmener son client dans le Greffe, où Hyacinthe écrivit quelques lignes adressées à la comtesse Ferraud.

«Envoyez cela chez elle, dit le soldat, et vous serez rem-
2535 boursé de vos frais et de vos avances. Croyez, monsieur, que si je ne vous ai pas témoigné la reconnaissance que je vous dois pour vos bons offices, elle n'en est pas moins là, dit-il en se mettant la main sur le cœur. Oui,

---

1. la place de Grève : rebaptisée place de l'Hôtel-de-Ville en 1830, son nom évoquait toujours les exécutions capitales qui y avaient lieu.
2. livrées : vêtements d'un domestique ; et, par extension, signes extérieurs.
3. imprécation : malédiction contre quelqu'un.

elle est là, pleine et entière. Mais que peuvent les mal-
2540 heureux ? Ils aiment, voilà tout.

– Comment, lui dit Derville, n'avez-vous pas stipulé•
pour vous quelque rente•?

– Ne me parlez pas de cela ! répondit le vieux militaire.
Vous ne pouvez pas savoir jusqu'où va mon mépris pour
2545 cette vie extérieure à laquelle tiennent la plupart des
hommes. J'ai subitement été pris d'une maladie, le
dégoût de l'humanité. Quand je pense que Napoléon est
à Sainte-Hélène, tout ici-bas m'est indifférent. Je ne puis
plus être soldat, voilà tout mon malheur. Enfin, ajouta-
2550 t-il en faisant un geste plein d'enfantillage, il vaut mieux
avoir du luxe dans ses sentiments que sur ses habits. Je
ne crains, moi, le mépris de personne. »

Et le colonel alla se remettre sur son banc. Derville sortit. Quand il revint à son étude•, il envoya Godeschal,
2555 alors son second clerc•, chez la comtesse Ferraud, qui, à
la lecture du billet, fit immédiatement payer la somme
due à l'avoué• du comte Chabert.

En 1840[1], vers la fin du mois de juin, Godeschal, alors
avoué, allait à Ris, en compagnie de Derville son pré-
2560 décesseur. Lorsqu'ils parvinrent à l'avenue qui conduit
de la grande route à Bicêtre[2], ils aperçurent sous un des
ormes du chemin un de ces vieux pauvres chenus[3] et
cassés qui ont obtenu le bâton de maréchal[4] des mendiants en vivant à Bicêtre comme les femmes indigentes
2565 vivent à la Salpêtrière[5]. Cet homme, l'un des deux mille
malheureux logés dans l'*Hospice de la Vieillesse*, était
assis sur une borne et paraissait concentrer toute son
intelligence dans une opération bien connue des invalides, et qui consiste à faire sécher au soleil le tabac de
2570 leurs mouchoirs, pour éviter de les blanchir, peut-être.

---

1. *1840* : année de l'arrivée au pouvoir de Guizot, dont le mot d'ordre « *Enrichissez-
vous par le travail et par l'épargne !* » est resté célèbre.
2. *Bicêtre* : hospice créé en 1656, pour infirmes, vieillards et vagabonds.
3. *chenus* : aux cheveux blancs.
4. *bâton de maréchal* : jeu de mots ; Balzac utilise ici ironiquement cette expression
pour désigner le but de l'ambition – et non l'insigne militaire propre à ce grade.
5. *la Salpêtrière* : hospice créé en 1648.

Ce vieillard avait une physionomie attachante. Il était vêtu de cette robe de drap rougeâtre que l'Hospice accorde à ses hôtes, espèce de livrée horrible.

2575 « Tenez, Derville, dit Godeschal à son compagnon de voyage, voyez donc ce vieux. Ne ressemble-t-il pas à ces grotesques qui nous viennent d'Allemagne[1] ? Et cela vit, et cela est heureux peut-être ! »

Derville prit son lorgnon, regarda le pauvre, laissa échapper un mouvement de surprise et dit : « Ce

2580 vieux-là, mon cher, est tout un poème, ou, comme disent les romantiques, un drame. As-tu rencontré quelquefois la comtesse Ferraud ?

– Oui, c'est une femme d'esprit et très agréable ; mais un peu trop dévote, dit Godeschal.

2585 – Ce vieux bicêtrien est son mari légitime, le comte Chabert, l'ancien colonel, elle l'aura sans doute fait placer là. S'il est dans cet hospice au lieu d'habiter un hôtel, c'est uniquement pour avoir rappelé à la jolie comtesse Ferraud qu'il l'avait prise, comme un fiacre, sur la place.

2590 Je me souviens encore du regard de tigre qu'elle lui jeta dans ce moment-là. »

Ce début ayant excité la curiosité de Godeschal, Derville lui raconta l'histoire qui précède[2]. Deux jours après, le lundi matin, en revenant à Paris, les deux amis jetèrent

2595 un coup d'œil sur Bicêtre, et Derville proposa d'aller voir le colonel Chabert. À moitié chemin de l'avenue, les deux amis trouvèrent assis sur la souche d'un arbre abattu le vieillard qui tenait à la main un bâton et s'amusait à tracer des raies sur le sable. En le regardant atten-

2600 tivement, ils s'aperçurent qu'il venait de déjeuner autre part qu'à l'établissement.

« Bonjour, colonel Chabert, lui dit Derville.

– Pas Chabert ! pas Chabert ! je me nomme Hyacinthe, répondit le vieillard. Je ne suis plus un homme, je suis le

---

1. *ces grotesques qui nous viennent d'Allemagne* : figures caricaturales qui suscitent le rire (confiseries, vases, pots de bière, petites statues ? il est difficile de préciser à quoi Balzac fait allusion ici).

2. *lui raconta l'histoire qui précède* : incohérence, puisque Godeschal la connaît déjà ! (Balzac n'a pas corrigé cette erreur dans sa dernière édition.)

2605 numéro 164, septième salle », ajouta-t-il en regardant
Derville avec une anxiété peureuse, avec une crainte de
vieillard et d'enfant. «Vous allez voir le condamné à
mort ? dit-il après un moment de silence. Il n'est pas
marié, lui ! Il est bien heureux.

2610 – Pauvre homme, dit Godeschal. Voulez-vous de
l'argent pour acheter du tabac ?»
Avec toute la naïveté d'un gamin de Paris, le colonel
tendit avidement la main à chacun des deux inconnus,
qui lui donnèrent une pièce de vingt francs ; il les remer-
2615 cia par un regard stupide, en disant : «Braves troupiers !» Il se mit au port d'armes, feignit de les coucher
en joue, et s'écria en souriant : «Feu des deux pièces !
vive Napoléon !» Et il décrivit en l'air avec sa canne une
arabesque imaginaire.

2620 «Le genre de sa blessure l'aura fait tomber en enfance,
dit Derville.
– Lui en enfance ! s'écria un vieux bicêtrien qui les
regardait. Ah ! il y a des jours où il ne faut pas lui marcher sur le pied. C'est un vieux malin plein de philo-
2625 sophie et d'imagination. Mais aujourd'hui, que voulez-
vous ? il a fait le lundi[1]. Monsieur, en 1820 il était déjà
ici. Pour lors, un officier prussien, dont la calèche mon-
tait la côte de Villejuif, vint à passer à pied. Nous étions,
nous deux Hyacinthe et moi, sur le bord de la route. Cet
2630 officier causait en marchant avec un autre, avec un
Russe, ou quelque animal de la même espèce, lorsqu'en
voyant l'ancien, le Prussien, histoire de blaguer, lui dit :
"Voilà un vieux voltigeur[2] qui devait être à Rosbach[3]. –
J'étais trop jeune pour y être, lui répondit-il, mais j'ai été
2635 assez vieux pour me trouver à Iéna[4]." Pour lors le Prussien a filé, sans faire d'autres questions.

---

1. *il a fait le lundi* : c'est-à-dire il a «prolongé le dimanche» en continuant de
s'amuser.
2. *voltigeur* : fantassin (c'est-à-dire soldat à pied) d'élite.
3. *Rosbach* : la France y fut vaincue par la Prusse en 1757 (pendant la guerre de
Sept Ans, sous le règne de Louis XV).
4. *Iéna* : célèbre victoire française (1806) de Napoléon sur les Prussiens, considérée par les patriotes comme la revanche de Rosbach.

– Quelle destinée ! s'écria Derville. Sorti de l'hospice des *Enfants trouvés*, il revient mourir à l'hospice de la *Vieillesse*, après avoir, dans l'intervalle, aidé Napoléon à
2640 conquérir l'Égypte et l'Europe. Savez-vous, mon cher, reprit Derville après une pause, qu'il existe dans notre société trois hommes, le Prêtre, le Médecin et l'Homme de justice, qui ne peuvent pas estimer le monde ? Ils ont des robes noires, peut-être parce qu'ils portent le deuil
2645 de toutes les vertus, de toutes les illusions. Le plus malheureux des trois est l'avoué•. Quand l'homme vient trouver le prêtre, il arrive poussé par le repentir, par le remords, par des croyances qui le rendent intéressant, qui le grandissent, et consolent l'âme du médiateur,
2650 dont la tâche ne va pas sans une sorte de jouissance : il purifie, il répare, et réconcilie. Mais, nous autres avoués, nous voyons se répéter les mêmes sentiments mauvais, rien ne les corrige, nos études• sont des égouts qu'on ne peut pas curer. Combien de choses n'ai-je pas apprises
2655 en exerçant ma charge ! J'ai vu mourir un père dans un grenier, sans sou ni maille, abandonné par deux filles auxquelles il avait donné quarante mille livres de rente ! J'ai vu brûler des testaments ; j'ai vu des mères dépouillant leurs enfants, des maris volant leurs femmes, des
2660 femmes tuant leurs maris en se servant de l'amour qu'elles leur inspiraient pour les rendre fous ou imbéciles, afin de vivre en paix avec un amant. J'ai vu des femmes donnant à l'enfant d'un premier lit des goûts qui devaient amener sa mort, afin d'enrichir l'enfant de
2665 l'amour[1]. Je ne puis vous dire tout ce que j'ai vu, car j'ai vu des crimes contre lesquels la justice est impuissante. Enfin, toutes les horreurs que les romanciers croient inventer sont toujours au-dessous de la vérité. Vous allez connaître ces jolies choses-là, vous ; moi, je vais vivre à
2670 la campagne avec ma femme, Paris me fait horreur. – J'en ai déjà bien vu chez Desroches », répondit Godeschal.

Paris, février-mars 1832[2].

---

1. *J'ai vu [...] l'enfant de l'amour* : allusions au *Père Goriot*, à *Gobseck*, à *La Muse du Département* et à *La Rabouilleuse*, ainsi qu'à la vie même de Balzac.
2. Cf. « les différentes éditions », *infra*, en annexes.

Compréhension

1. *Identifiez toutes les ruptures temporelles du passage. Dans quel but Balzac a-t-il recours à ce type de progression ?*

2. *Comment les réapparitions de Chabert sont-elles motivées ?*

3. *Quelles sont les réactions successives de Derville devant le colonel ? Comment les expliquez-vous ?*

4. *La comtesse a-t-elle changé ? Qu'en déduisez-vous ?*

5. *Dans quels nouveaux univers Balzac nous introduit-il ? Quels liens présentent-ils avec les précédents ?*

6. *Comment Chabert justifie-t-il sa disparition et son «ingratitude» à l'égard de l'avoué* ? Lui donnez-vous raison ? Quelle leçon Balzac suggère-t-il ainsi ?*

7. *En quoi le «parcours» du colonel, de sa naissance à ses derniers jours, est-il particulièrement symbolique ?*

8. *Que pensez-vous du titre que Balzac avait donné à cette partie dans l'édition de 1835 : «L'Hospice de la vieillesse» ?*

9. *En quoi ce dénouement conclut-il parfaitement le roman ? Vous veillerez à prendre en compte ses personnages, ses thèmes et ses enjeux pour répondre précisément.*

Écriture

10. *Relevez les différentes ellipses* et remplacez-les par des paragraphes de votre composition en respectant autant que possible le style de Balzac. Que remarquez-vous ?*

11. *Quel genre littéraire le romancier introduit-il pour la première fois dans son roman ? Justifiez son utilisation.*

12. *Comment la déchéance du héros est-elle soulignée ? En devient-il pitoyable, ridicule, «grotesque» ?*

13. *Quels procédés Balzac emploie-t-il pour peindre le tableau de la misère ? Des correspondances picturales vous frappent-elles ?*

14. *Caractérisez le dernier développement de Derville. Justifiez vos réponses.*

15. *«Je ne puis plus être soldat, voilà tout mon malheur.» Commentez (l. 2549).*

16. *Expliquez pourquoi les dernières lignes du roman s'ouvrent sur La Comédie humaine et sur la vie.*

Mise en scène / Mise en perspective

17. Cherchez des adaptations théâtrales du Colonel Chabert.
Comparez-les avec le roman de Balzac.

18. Proposez un découpage* cinématographique du dénouement.
Qu'en concluez-vous sur le temps et l'espace balzaciens ?

19. Quelle(s) musique(s) choisiriez-vous pour accompagner le
récit (limitez-vous à deux ou trois passages du roman).

N.B. Voir suggestions de groupements thématiques, en annexes.

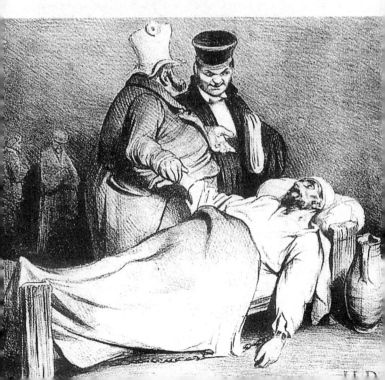

Gens de justice au chevet d'un mourant.
Caricature de Daumier.

Bilan

Le Colonel Chabert *s'achève dans la déchéance et la désillusion :*

– enfant trouvé, sans nom, Chabert finit ses jours en revendiquant l'anonymat d'un numéro : «Je ne suis plus un homme, je suis le numéro 164» ; *l'ironie du sort lui donne donc satisfaction puisqu'il déclarait à Derville lors de leur première entrevue :* « Je voudrais n'être pas moi»... *Le temps où l'on pouvait sortir de l'ombre et devenir quelqu'un grâce à ses exploits militaires est bien révolu;*

– oubliée au début du roman, remplacée par le camouflet de la Restauration ensuite, l'Histoire ne résiste pas plus à l'éclatement final du temps qu'à sa vacuité (et sa viduité!) désolante : les clercs• *dans l'étude, la comtesse chez elle ou en voiture, Derville même avec Crottat ou Godeschal, les bavards pullulent, alors que l'homme d'action est frappé d'impuissance :* «idiotisme», «stupidité», «réserve» *ou* «douleur inexprimable», *qu'importe! L'existence, amputée de l'action qui en est le sel et le sens, ne mérite plus, semble-t-il, qu'on la dise ou qu'on la vive; le héros, après avoir renoncé à son nom et aux discours, décrit* «en l'air avec sa canne une arabesque imaginaire».

Le Colonel Chabert *n'est pourtant pas une œuvre désespérante ni désespérée : car si l'action et la parole sont désormais incapables d'éclairer la vie, l'écriture, elle, peut rivaliser avec elle! Balzac ouvre littéralement un nouveau monde : avec lui, la littérature n'exprime plus seulement la vie, elle la crée; le roman ne relate plus l'Histoire, il la forme;* «faire concurrence à l'état-civil», *ce n'est donc pas se borner au réalisme le plus méticuleux, c'est engendrer des hommes (dans le retour des personnages), embrasser le Temps (dans les rétrospectives) et maîtriser l'Espace (dans des portraits «sans cadres»)...* «écrire, c'est usurper sur Dieu». *Le regard du démiurge domine une Histoire confisquée :* La Comédie humaine *peut commencer.*

DATES	ÉVÉNEMENTS HISTORIQUES	ÉVÉNEMENTS CULTURELS
1799	18 Brumaire : coup d'État de Bonaparte. Le Consulat.	
1800	Fondation de la Banque de France. Victoire de Marengo.	Mme de Staël, *De la littérature*. Novalis, *Hymnes à la nuit*. Volta : la pile électrique.
1801	Traité de Lunéville : l'Autriche reconnaît à la France toute la rive gauche du Rhin.	Chateaubriand, *Atala*. Goya, *La Maja nue*.
1802	Bonaparte Consul à vie. Réorganisation de l'enseignement secondaire.	Naissance de Victor Hugo. Chateaubriand, *René*, *Génie du Christianisme*.
1804	Empire (→ 1814). Le Code Civil.	Senancour, *Oberman*. Gros, *Bonaparte visitant les pestiférés de Jaffa*. Beethoven, symphonie « *Éroica*», « *pour célébrer le souvenir d'un grand homme*» (Bonaparte).
1805	Troisième coalition. Flotte française anéantie à Trafalgar. Victoire d'Austerlitz (contre les Austro-Russes).	
1806	Quatrième coalition. Victoire d'Iéna. La Prusse est anéantie. Napoléon entre à Berlin.	Lavater, *L'Art de connaître les hommes par la physiognomonie*.
1807	Victoires d'Eylau et de Friedland.	David, *Le Sacre*. Beethoven, *5ᵉ Symphonie*, *Coriolan*.
1808	Création de la noblesse impériale.	Schlegel : cours de littérature dramatique. Goethe, premier *Faust*. Girodet, *Les Funérailles d'Atala*.
1809	5ᵉ coalition : victoire de Wagram. L'Empire est à l'apogée de sa puissance (il s'étend sur 130 départements de Rome à Lubeck).	Chateaubriand, *Les Martyrs*. Lamarck : le transformisme. Beethoven, *Concerto « de l'Empereur »*.
1810		Goya, *Les Désastres de la guerre* (1823).
1811		Chateaubriand, *Itinéraire de Paris à Jérusalem*. König : la presse typographique mécanique.
1812	Campagne de Russie.	Grimm, *Contes* (1822). Béranger, *Chansons* (1830).
1813	6ᵉ coalition. Défaite de Leipzig. L'Empire s'effondre.	Byron, *Childe Harold*.
1814	Campagne de France. Abdication de Napoléon, retour de Louis XVIII (1ʳᵉ Restauration).	Ingres, *La Grande Odalisque*. Schubert, *Lieder* (→ 1828).
1815	Retour de Napoléon. Les Cent-Jours et Waterloo. 2ᵉ Restauration : règne de Louis XVIII.	
1816	La « chambre introuvable ».	Constant, *Adolphe*. Goethe, *Second Faust* (1831). Rossini, *Le Barbier de Séville*. Niepce : 1ʳᵉ photographie.
1818		Schopenhauer, *Le Monde comme volonté...* Mary Shelley, *Frankenstein*.

VIE ET ŒUVRE DE BALZAC	DATES
Naissance, à Tours, d'Honoré Balzac (son père a 53 ans; sa mère, 21 ans).	**1799**
Naissance de Laure, sœur d'Honoré.	1800
Naissance de Laurence, deuxième sœur d'Honoré, déclarée «de Balzac».	1802
Balzac est externe à la pension Le Guay à Tours.	1804
Naissance d'Henry, demi-frère d'Honoré, fils naturel du châtelain de Saché et de Madame Balzac. Honoré est pensionnaire au collège de Vendôme.	1807
Honoré commence un *Traité de la volonté*. Il est mis au repos en raison d'un certain état d'«hébétude».	1813
La famille Balzac s'installe dans le Marais, rue du Temple, à Paris.	1814
Balzac entre comme petit clerc d'avoué chez maître Guillonnet-Merville, et, parallèlement, suit des cours à la Sorbonne et au Muséum.	1816
Clerc de notaire chez Maître Victor Passez, Balzac entreprend la rédaction d'un traité philosophique, *Sur l'immortalité de l'âme*.	1818

DATES	ÉVÉNEMENTS HISTORIQUES	ÉVÉNEMENTS CULTURELS
1819		*Le Conservateur littéraire*. Scott, *Ivanhoé*. Géricault, *Le Radeau de la Méduse*. Laennec : auscultation avec le stéthoscope.
1820	Début du gouvernement des «ultras» (1828).	Lamartine, *Méditations poétiques*. Ampère : éléctrodynamique. Arago : aimantation par l'électricité.
1821	Mort de Napoléon à Sainte Hélène.	Hoffmann, *La Princesse Brambilla*. Cuvier : paléontologie.
1822	Lois contre la liberté individuelle et contre la presse.	Hugo, *Odes et Ballades*. Las Cases, *Mémorial de Sainte-Hélène* (1829). Champollion : hiéroglyphes.
1823		Thiers, *Histoire de la Révolution*.
1824	Mort de Louis XVIII. Avènement de Charles X.	Vigny, *Eloa*. Delacroix, *Scènes des massacres de Scio*. Beethoven, *IXe symphonie*. Carnot : thermodynamique.
1825		Stendhal, *Racine et Shakespeare*.
1826		Vigny, *Cinq-Mars*. Cooper, *Le Dernier des Mohicans*.
1827		Hugo, *Cromwell*. Thierry, *Lettres sur l'Histoire de France*. Scribe, *Le Mariage d'argent*.
1828	Ministère Martignac (libéral). Abolition de la censure.	Bertrand, *Manifeste romantique*.
1829	Ministère Polignac (ultra).	Dumas, *Henri III et sa Cour*. Goethe, *Wilhelm Meister*.
1830	Révolution de Juillet. Début du règne de Louis-Philippe Ier.	Stendhal, *Le Rouge et le Noir*. Hugo, *Hernani*. Berlioz, *La Symphonie fantastique*. Corot, *La Cathédrale de Chartres*. Comte, *Cours de philosophie positive* ($\rightarrow$ 1842).
1831	Révolte des Canuts de Lyon.	Hugo, *Notre-Dame de Paris*. Delacroix, *La Liberté guidant le peuple*. Pouchkine, *Boris Godounov*. Bellini, *Norma*.
1832	Broglie, Guizot, Thiers au ministère.	Lamartine, *Ode sur les Révolutions*. Vigny, *Stello*. Sand, *Indiana*. Clausewitz, *De la guerre*. Morse : le télégraphe électrique.
1833	Loi Guizot sur l'enseignement primaire.	Michelet, *Histoire de France* ($\rightarrow$ 1844). Musset, *Les Caprices de Marianne*. Chopin, *Nocturnes*.
1834	Insurrections à Lyon et Paris.	Sainte-Beuve, *Volupté*. Musset, *Lorenzaccio*. Schumann, *Études symphoniques*.

VIE ET ŒUVRE DE BALZAC	DATES
Balzac, reçu bachelier en droit, abandonne la vie de clerc et décide de se consacrer à la littérature : installé dans une mansarde, il écrit une *Dissertation sur l'homme*.	1819
Balzac achève sa tragédie *Cromwell* et commence deux romans (inachevés) : *Falthurne* et *Sténie*.	1820
Balzac devient l'amant de Laure de Berny (elle a 22 ans de plus que lui et devient «la Dilecta», soutien moral et guide littéraire à la fois). Il publie plusieurs romans sous divers pseudonymes (Lord R'Hoone, Horace de Saint-Aubin).	1822
Nombreuses publications, sévèrement jugées par Balzac : «*petites opérations de littérature marchande*» et «*cochonneries littéraires*».	1823
Collaboration à divers journaux. Dandy aux goûts diversement appréciés, Balzac étonne (surtout les femmes...) par l'éclat de son regard et de sa conversation.	1824
Début de la liaison avec la duchesse d'Abrantès (de quinze ans son aînée, elle participe à l'éducation mondaine de Balzac). Mort de Laurence. Balzac s'associe avec l'éditeur Urbain Canel.	1825
Balzac achète l'imprimerie Laurens (à crédit). Les affaires marchent mal.	1826
Association avec le fondeur de caractères Laurens.	1827
Liquidation de l'imprimerie et de la fonderie : Balzac est ruiné et endetté à vie. Il revient à la littérature.	1828
Balzac écrit et publie, sous son vrai nom, *Le Dernier Chouan* et *La Physiologie du mariage,* qui amorce son succès mondain (et féminin). Mort de son père.	1829
Balzac écrit dans de nombreux journaux : *Feuilleton des journaux politiques, La Silhouette, Le Voleur, La Caricature*... Les *Scènes de la vie privée,* mises en vente chez Mame, comportent six nouvelles.	1830
La Peau de chagrin et Les *Études philosophiques* consacrent Balzac.	1831
Début de la correspondance avec Ève Hanska, admiratrice polonaise qui va devenir «la femme idéale». **Le Colonel Chabert paraît en feuilleton sous le titre *La Transaction* dans le journal *L'Artiste* du 19 février au 11 mars.** Séjour à Genève avec la duchesse de Castries (elle se refuse à Balzac, qui se «vengera» en écrivant *La Duchesse de Langeais*).	**1832**
Première rencontre de Madame Hanska à Neuchâtel. Balzac a l'idée d'un vaste ensemble : des «Études de mœurs au xixᵉ siècle» (premier fondement de *La Comédie humaine*).	1833
Apparition du principe du retour des personnages. Séjour à Genève avec Mme Hanska, devenue sa maîtresse. Naissance de la fille présumée de Balzac, Maria du Fresnay.	1834

DATES	ÉVÉNEMENTS HISTORIQUES	ÉVÉNEMENTS CULTURELS
1835	Répression de l'opposition républicaine.	Vigny, *Chatterton, Servitude et Grandeur militaires*. Andersen, *Contes*. Gogol, *Journal d'un fou*. Musset, *Les Nuits*.
1836		Musset, *La Confession d'un enfant du siècle*. Heine, *L'École romantique*. Chopin, *La Grande Polonaise*. Charlet, *La Retraite de Russie*. Dumas, *Kean*.
1837		Mérimée, *La Vénus d'Ille*. Berlioz, *Requiem*.
1838		Hugo, *Ruy Blas*. Dickens, *Oliver Twist*. Daguerre : les daguerréotypes.
1839		Stendhal, *La Chartreuse de Parme*. Good Year : vulcanisation du caoutchouc.
1840	Retour des cendres de Napoléon. Gouvernement de Guizot.	Mérimée, *Colomba*. Liszt, *Rhapsodies hongroises*. Daumier : les *gens de justice*.
1841		Wagner, *Le Vaisseau fantôme*. Tombeau de Napoléon aux Invalides.
1842		Sue, *Les Mystères de Paris*. Gogol, *Les Âmes mortes*. Gounod, *Requiem*.
1843		Nerval : *Voyage en Orient* (1851).
1844		Dumas, *Les Trois Mousquetaires*. Kierkegaard, *Le Concept de l'angoisse*. Louis Bonaparte, *L'Extinction du paupérisme*.
1845		Mérimée, *Carmen*. Poe, *Histoires extraordinaires*.
1846		Berlioz, *La Damnation de Faust*. Proudhon, *Philosophie de la misère*. Dostoievski, *Les Pauvres Gens*.
1847		Michelet, *Histoire de la Révolution française*. E. Brontë, *Les Hauts de Hurlevent*.
1848	Révolution de Février. Proclamation de la IIᵉ République.	Chateaubriand, *Mémoires d'Outre-Tombe*. Marx et Engels, *Manifeste du Parti communiste*.
1849		Guizot, *De la Démocratie en France*. Courbet, *L'Enterrement à Ornans*.
1850		Daumier : *Ratapoil*.

VIE ET ŒUVRE DE BALZAC	DATES
Séjour à Vienne avec Mme Hanska. Balzac est reçu par Metternich.	1835
Mort de Madame de Berny. Voyage en Italie. Balzac, toujours poursuivi par ses nombreux créanciers, continue de déménager fréquemment. Séjour dans sa Touraine natale.	1836
Balzac échappe de justesse à la prison pour dettes.	1837
Voyages dans le Berry et en Sardaigne. Mort de la duchesse d'Abrantès. Balzac s'installe aux Jardies (où la légende veut qu'il ait souhaité cultiver 100 000 ananas...)	1838
Président de la Société des Gens de lettres, Balzac travaille au développement des droits des auteurs.	1839
Première apparition du titre *La Comédie humaine*. Balzac se cache sous le nom de M. de Brugnol avec sa gouvernante (et maîtresse), Louise Breugniot, dans sa maison de Passy (actuelle maison de Balzac, rue Raynouard).	1840
Mort du comte Hanski ; devenue veuve, Mme Hanska ne peut se remarier sans renoncer à son immense fortune. Balzac traite avec Hetzel, Dubochet et Sanches pour la publication de *La Comédie humaine*.	1841
Début de parution de *La Comédie humaine*. Dans l'*Avant-propos,* Balzac expose ses principes romanesques.	1842
Voyage à Saint-Pétersbourg. Retrouvailles avec Mme Hanska. La santé de Balzac s'altère (méningite chronique).	1843
Nombreuses névralgies. Balzac, qui rêve d'épouser Mme Hanska, lui écrit presque chaque jour.	1844
Chevalier de la Légion d'honneur, Balzac voyage en Europe avec Mme Hanska.	1845
Voyage en Italie. Désespoir de Balzac après la fausse couche de Mme Hanska.	1846
Balzac rédige son testament en faveur de Mme Hanska et part la retrouver chez elle, à Wierzchownia, en Ukraine.	1847
Candidat légitimiste aux élections législatives, Balzac ne recueille que 20 voix. Échec à l'Académie française. Gravement malade du cœur, le romancier repart en Ukraine.	1848
Le Tsar refuse toujours à Mme Hanska la possibilité de concilier un remariage et la conservation de ses biens. Nouvel échec de Balzac à l'Académie française.	1849
Mariage avec Mme Hanska. Retour en France. Épuisé, presque aveugle, **Balzac,** dans une agonie atroce, appelle à son chevet le docteur Bianchon, son personnage, et **meurt le 18 août.** Au Père-Lachaise, Victor Hugo prononce l'éloge funèbre du romancier dont il salue le génie.	**1850**

À quelques mois près, la vie de Balzac s'étend du Consulat à la Seconde République. «Encadré» par 1789 et le Second Empire, ce demi-siècle est marqué par des révolutions, caractérisé par le Romantisme, transfiguré par les écrivains qui voient modifier leur statut et leur image. Écrire en 1830, c'est bien chercher une place dans une Histoire, une culture et un destin.

EN QUÊTE D'HISTOIRE

L'Histoire perdue
•

Le jeune écrivain de 1830 peut avoir le sentiment d'appartenir à une génération «sacrifiée». Dans une Europe bouleversée par les guerres napoléoniennes, orphelin authentique ou symbolique, il a le sentiment d'être «*venu trop tard dans un monde trop vieux*». Nul, mieux que Musset (auteur de la citation précédente, in *Rolla*, I), n'a su formuler cet état d'esprit, cet état moral des «*fils de l'Empire*», «*petits-fils de la Révolution*»; dans les deux premiers chapitres de *La confession d'un enfant du siècle* (1836), il résume de traits fulgurants le mal dont souffrent ses semblables, l'absence d'Histoire : «*Alors s'assit sur un monde en ruines une jeunesse soucieuse. Tous ces enfants étaient des gouttes d'un sang qui avait inondé la terre : ils étaient nés au sein de la guerre, pour la guerre. Ils avaient rêvé pendant quinze ans des neiges de Moscou et du soleil des Pyramides. Ils n'étaient pas sortis de leurs villes; mais on leur avait dit que, par chaque barrière de ces villes, on allait à une capitale d'Europe. Ils avaient dans la tête tout un monde; ils regardaient la terre, le ciel, les rues et les chemins; tout cela était vide, et les cloches de leurs paroisses résonnaient seules dans le lointain. (I, 2)*» Homme du passé, né en 1765, Chabert pourrait paradoxalement formuler le même constat désabusé que Musset (*ibid.*) : «*tout ce qui était n'est plus; tout ce qui sera n'est pas encore . Ne cherchez pas ailleurs le secret de nos maux.*»

L'Histoire confisquée
•

1789, 1793, 1799, 1815, 1830, 1848... Exils et restaurations, espoirs et déceptions se succèdent au rythme des révolutions et des contre-révolutions. Les jeunes romantiques connaissent l'échec des «Trois Glorieuses» qui confirme les pouvoirs de la bourgeoisie. Dans *La Peau de chagrin*, en 1831, le banquet chez

Taillefer permet à Balzac de développer une satire politique : l'action étant devenue impossible, les convives s'abandonnent au vin et aux plaisanteries oiseuses – comme les jeunes clercs!... –, masques dérisoires et désespérés d'une parole interdite. Un an avant *Le Colonel Chabert*, Balzac y condamne déjà la Restauration : le père de Raphaël meurt de chagrin quelques mois après sa lutte pour conserver ses propriétés acquises sous l'Empire, et contestées par la Restauration. Et Gaudin, le père de Pauline, réapparaît riche en 1830... pour mourir d'une phtisie. L'amalgame entre 1815 et 1830 confirme bien le même désespoir face à une Histoire privée de sens ; la victime héroïque d'Eylau connaîtra, elle aussi, le châtiment du silence et de l'exil – ou de la mort symbolique –... à Bicêtre.

L'Histoire retrouvée
•

C'est l'œuvre d'un écrivain, Chateaubriand, qui, paradoxalement, stimule et engendre le réveil du travail historique : l'*Essai sur les révolutions* (1797) et le *Génie du christianisme* (1802), par leur souffle et leur inspiration, fondent des vocations en mariant l'Histoire et le romantisme. Le grand public s'intéresse surtout à l'hisoire de la Révolution et de l'Empire, stimulé par la publication, entre 1823 et 1827, de l'*Histoire de la Révolution* d'Adolphe Thiers, les cours à la Sorbonne de Guizot (1828-1829), et surtout ceux de Michelet (1758-1874) ; ce dernier découvre, en 1830, que le peuple est le grand acteur de l'Histoire, et la liberté, une conquête permanente et difficile. L'ambition de Michelet, d'un an plus agé que Balzac, rappelle celle du romancier : comprendre intuitivement le passé, combler le manque d'information par l'imagination... Balzac n'écrivait-il pas dans la préface de *La Peau de chagrin* en 1831 : « *Il se passe chez les poètes ou chez les écrivains réellement philosophes un phénomène moral, inexplicable, inouï, dont la science peut difficilement rendre compte. C'est une sorte de seconde vue qui leur permet de deviner la vérité dans toutes les situations possibles ; ou, mieux encore, je ne sais quelle puissance qui les transporte là où ils doivent, où ils veulent être. Ils inventent le vrai, par analogie, ou voient l'objet à décrire, soit que l'objet vienne à eux, soit qu'ils aillent eux-mêmes vers l'objet.* » L'*Histoire de France* (1833-1874), qui prétend ressusciter le passé, s'interrompt à la Restauration, que Michelet juge à contre-courant de l'Histoire, lui qui écrivait dans sa préface de 1869 – et le mot pourrait être de Balzac : « *L'homme est son propre Prométhée.* »

DANS UNE «CULTURE» ROMANTIQUE

De la fin du xviiᵉ au milieu du xixᵉ siècle, l'Europe connaît le plus profond et le plus universel courant de pensée et de sensibilité depuis la Renaissance : le Romantisme. Le mouvement, complexe, échappe aux définitions et semble condamné aux formules, séduisantes mais réductrices, comme celle de Victor Hugo qui le présente comme *« le libéralisme en littérature »*. Quelle place y occupent le roman, et l'œuvre de Balzac en particulier ?

Approches
•

Tour à tour – ou à la fois – aristocratique et plébéien, ultra-royaliste et libéral, l'«esprit romantique» échappe aux schématisations historiques, mais affirme trois «caractères» essentiels : une énergie individuelle tendue vers la liberté, la vérité et le bonheur ; un désenchantement devant une société mensongère, intéressée et tyrannique ; une transfiguration de l'impuissance dans le rêve, la nature, la révolte ou l'art. Le colonel Chabert présente les deux premiers éléments, mais pas le troisième : le vieux soldat se distingue ici de Raphaël de Valentin (héros de *La Peau de chagrin*) ; et le réalisme balzacien s'affirme.

Images
•

La personnalité emblématique de certains poètes – Lamartine, Musset et Vigny, par exemple – comme les succès divers de plusieurs drames – *Hernani, Chatterton* et *Lorenzaccio* entre autres – masquent parfois l'importance du roman dans le Romantisme ; la typologie aisée des poèmes et des drames romantiques contraste apparemment avec les incertitudes d'un «roman romantique». Parmi les 7 616 titres parus en 1828, les genres les plus représentés sont, dans l'ordre, l'Histoire, la religion, la poésie et le drame, le roman n'arrivant qu'en septième position ; même s'il n'est pas un genre nouveau, il est encore souvent perçu comme un moyen d'expression mineur. Le phénomène est d'autant plus surprenant que bien des précurseurs du Romantisme s'illustrent dans le genre narratif, Benjamin Constant, Chateaubriand ou Madame de Staël notamment. De jeunes auteurs inscrivent ainsi le roman dans la continuité sentimentale des «romanciers du Moi» comme George Sand dans *Indiana* (1832) et *Lélia* (1833). D'autres rivalisent avec le modèle de leur génération, Walter Scott, dont l'*Ivanhoé* a été publié en 1819 : c'est le cas de Victor Hugo, en 1831, avec *Notre-Dame de Paris* ; c'était aussi le cas – moins heureux – de Balzac, en 1820, avec *Falthurne*... Il faut savoir qu'à l'époque du *Colonel Chabert*, le roman feuilleton et le roman social ne connaissent pas encore le succès que leur donneront Alexandre Dumas, Eugène Sue ou le Victor Hugo des *Misérables* (1862). Avant la célèbre description que ce dernier y développera de la masure Gorbeau (livre II, cinquième partie), Balzac révèle une fascination pour les faubourgs, leurs misères et leurs grandeurs...

Visions
•

Dans l'ombre des cénacles naquit aussi un « romantisme noir », fondé sur l'insolite, le surnaturel, le goût des mystères et de l'occultisme, la fascination pour la folie. Le conte fantastique connaît une grande faveur dans le public de 1830 qui découvre Hoffmann, traduit en 1829, et lit Nodier (*La Fée aux miettes*, 1832) ou Gautier (*La Cafetière*, 1831). Balzac, en 1835, écrira un *Melmoth réconcilié* dans la lignée du roman noir anglais (la traduction du *Melmoth* de Maturin avait marqué l'année 1821), mais il a déjà proposé au public *L'Élixir de longue vie* (1830) et *La Peau de chagrin* (1831). Le portrait du « revenant » Chabert et son récit de « mort-vivant », sorti d'un amas de cadavres, participent de cet aspect du Romantisme, qui contraste apparemment avec le « réalisme balzacien » (Baudelaire sera l'un des premiers à comprendre ce « réalisme visionnaire » de *La Comédie humaine*, cf. p. 144). Balzac décrit souvent le mystère insaisissable derrière des précisions en fait insuffisantes ; ne termine-t-il pas son portrait du colonel par ces mots : « *Enfin l'absence de tout mouvement dans le corps, de toute chaleur dans le regard, s'accordait avec une certaine expression de démence triste, avec les dégradants symptômes par lesquels se caractérise l'idiotisme, pour faire de cette figure je ne sais quoi de funeste qu'aucune parole humaine ne pourrait exprimer.* »

VERS DE NOUVEAUX DESTINS

Le poids de l'Histoire et l'influence du Romantisme n'empêchent pas certains écrivains – Balzac en particulier – de se passionner pour deux univers qui transforment leur vie et celle de leurs contemporains : la science et la presse. En les utilisant, sans leur être entièrement soumis, le romancier change progressivement de statut... et d'image.

Essor et illusions scientifiques
•

L'ère romantique est aussi révolutionnaire dans l'histoire des sciences que dans celle de la littérature. Les applications pratiques de grandes découvertes transforment progressivement les manières de vivre et de penser d'une génération marquée par le double héritage du XVIIIᵉ siècle et de l'Empire : l'effort de vulgarisation scientifique entrepris par les Lumières est poursuivi, par exemple, avec la publication de l'*Encyclopédie méthodique* de Panckoucke entre 1778 et 1823 ; la place accordée par Napoléon à l'enseignement des sciences (dans les lycées comme dans les grandes écoles fondées ou réorganisées par la Convention) transforme le savant en professeur écouté, voire en penseur influent. Trois génies précoces, Lagrange (1736-1813), Monge (1744-1818) et Laplace (1749-1827) s'étaient illustrés pendant la Révolution et sous l'Empire, comblés d'honneurs par Napoléon. La génération de Balzac est aussi celle de Fresnel (1788-1827), Sadi Carnot (1796-1832), Ampère (1776-1836), Arago (1786-1853) et Gay-Lussac (1778-1850). Mais ce sont surtout les naturalistes et les physiologistes qui influencent l'auteur de *La Comédie Humaine*. Balzac, qui avait suivi les cours de Cuvier (1769-1832), l'inventeur de l'anatomie comparée, le considérait comme « *le plus grand poète de* [son] *siècle* » ; il dresse son éloge dans la première partie de *La Peau de chagrin* (1831). Quant à Geoffroy Saint-Hilaire (1772-1844), le fondateur de la zoologie moderne, il sert de modèle ou de référence au romancier soucieux d'analyser les espèces sociales comme les naturalistes étudient les espèces animales ; comme la Nature pour l'animal, « *la société* [...] *fait de l'homme, selon les milieux où son action se déploie, autant d'hommes différents qu'il y a de variété en zoologie* » (*Avant-propos* de *La Comédie Humaine*).

Les romantiques étaient aussi curieux de « physiologies » : Gavarni et Daumier en illustrent, Balzac en écrit une « du mariage ». Il cherche à systématiser les relations qui unissent le physique et le moral, sous l'influence de Lavater (1741-1801) et de Gall (1758-1828). Le premier, fondateur de la physiognomonie, prétendait déchiffrer l'âme sur les traits du visage ; le second, inventeur de la phrénologie, aboutissait aux mêmes conclusions d'après l'étude de la forme des crânes. L'intérêt de Balzac pour ces théories douteuses apparaît déjà dans *La Physiologie du mariage* (1829) : « *Les gens d'esprit, les diplomates, les femmes qui sont les rares et fervents disciples de ces deux hommes célèbres ont souvent eu l'occasion de reconnaître bien d'autres signes évidents auxquels on reconnaît la pensée humaine : les habitudes du corps, l'écriture, le son de la voix, les manières, etc. »*

Naissance de la presse moderne
•

Le prodigieux essor de la presse est peut-être l'une des caractéristiques essentielles de la vie sous la Restauration. Au cours de la seule année 1828, on enregistre la parution de 286 nouveaux journaux (certes souvent éphémères). Le grand fondateur de la presse moderne est sans aucun doute Émile de Girardin, qui lance son journal *La Presse* en 1836, avec un prix de vente plus bas grâce à la publicité. Dès 1829, dans *La Mode*, il publiait des articles et des feuilletons de Balzac, Dumas ou George Sand, et leur apportait ainsi une popularité et une notoriété inédites : si le nombre d'abonnés reste limité, chaque journal passe, en effet, entre bien des mains. Il faut rappeler à ce propos qu'à cette époque, écrire n'est pas une profession. Pour vivre de sa plume, le jeune auteur doit devenir journaliste. C'est le cas de Balzac, qui vécut ainsi en partie le destin de Lucien de Rubempré dans *Illusions perdues* ; le narrateur de ce roman y formule en une phrase l'histoire commerciale d'un livre : « *Le commerce de la librairie dite de nouveautés se résume en un théorème commercial : une rame de papier blanc vaut 15 francs, imprimée elle vaut, selon le succès, cent sous ou cent écus*[1]. »

Le mythe de l'écrivain
•

Si l'écriture n'est pas considérée comme un « métier », l'écrivain romantique n'en revendique pas moins une fonction, sociale et prophétique, et un destin hors du commun. Dès 1830, dans *Les Feuilles d'automne*, Victor Hugo ébauche ainsi son « portrait » :

> *« C'est que l'amour, la tombe, et la gloire et la vie,*
> *L'onde qui fuit, par l'onde incessamment suivie,*
> *Tout souffle, tout rayon, ou propice ou fatal,*

---

1. *cent sous ou cent écus* : 5 francs ou 300 francs.

> *Fait reluire et vibrer mon âme de cristal,*
> *Mon âme aux mille voix, que le Dieu que j'adore*
> *Mit au centre de tout comme un écho sonore! [...]»*

Neuf ans plus tard, des vers célèbres des *Rayons et les Ombres* préciseront la fonction du poète, guide et mage :

> *«Le poète en des jours impies*
> *Vient préparer des jours meilleurs.*
> *Il est l'homme des utopies,*
> *Les pieds ici, les yeux ailleurs.*
> *C'est lui qui sur toutes les têtes,*
> *En tout temps, pareil aux prophètes,*
> *Dans sa main, où tout peut tenir,*
> *Doit, qu'on l'insulte ou qu'on le loue,*
> *Comme une torche qu'il secoue,*
> *Faire flamboyer l'avenir!»*

Ce désir de totalité, maître-mot de l'esprit romantique, devient avec Balzac une ambition romanesque ; en voulant *«peindre les deux ou trois mille personnages saillants d'une époque»* et *«faire concurrence à l'état-civil»*, l'écrivain prétend dépasser le statut de romancier ou d'historien, en se cachant parfois pour cela derrière plusieurs masques contradictoires : *«Je suis un galérien de plume et d'encre, un vrai marchand d'idées»* (à Zulma Carraud, juillet 1832) ; *«la Société française allait être l'historien, je ne devais être que le secrétaire»* (*Avant-propos* de *La Comédie humaine*) ; *«vous ne vous figurez pas ce que c'est que* La Comédie humaine. *C'est plus vaste, littérairement parlant, que la cathédrale de Bourges architecturalement»* (à Zulma Carraud, janvier 1845). Au-delà de l'image connue de l'écrivain travaillant des nuits entières en robe de chambre, pourchassé par ses créanciers, admiré et aimé par de nombreuses lectrices, il faut voir en Balzac, certes la référence incontournable de tous les romanciers ultérieurs, mais aussi le type même du créateur invisible qui *«doit rester caché comme Dieu, dans le centre de ses mondes, n'être visible que par ses créations»* (Modeste Mignon, 1844).

Le discours final de Derville résume le sens de l'écriture au temps de Balzac : le roman dit la vérité, il repose sur une prise de conscience ; une révolution littéraire a bien commencé, et le romancier peut déjà penser : *«Je fais partie de l'opposition qui s'appelle la vie»* (à Laure Surville, sa sœur, avril 1849).

À qui veut étudier ses sources, *Le Colonel Chabert* offre une multitude de pistes possibles. Balzac ne revendique, en effet, aucune référence précise, et contraint son lecteur à rechercher, non des «documents utilisés», mais des «influences subies». Pour les reconnaître, il faut s'intéresser à la vie du romancier, aux goûts de ses contemporains et à sa passion pour l'Art.

DES EXPÉRIENCES ET DES RENCONTRES

Balzac a connu la vie de clerc, chez l'avoué Guillonnet-Merville d'abord, chez le notaire Victor Passez ensuite. Quinze ans avant d'écrire le début de son roman, le jeune homme l'a, en quelque sorte, vécu; le nom de Derville évoque celui de son ancien patron, maître Guillonnet-Merville, devenu son ami, à qui il dédiera *Un épisode sous la Terreur* (1841) en ces termes : *« Ne faut-il pas, cher et ancien patron, expliquer aux gens curieux de tout connaître, où j'ai pu savoir assez de procédure pour conduire les affaires de mon petit monde, et consacrer ici la mémoire de l'homme aimable et spirituel qui disait à Scribe, autre clerc-amateur : "passez donc à l'Étude, je vous assure qu'il y a de l'ouvrage" en le rencontrant au bal; mais avez-vous besoin de ce témoignage public pour être certain de l'affection de l'auteur ? »* D'autre part, Balzac a sans doute rencontré un personnage hors du commun, «modèle» possible – mais partiel – de Chabert : le général de Saint-Geniès; porté *«mortellement blessé»* le 15 juillet 1812 dans le *Bulletin officiel de la Grande Armée,* prisonnier en réalité, cet officier rentre en France en juillet 1814; mis en demi-solde, il vit en Touraine à partir de 1816, et y achète une maison près de Vouvray, à quelques pas de l'endroit où Balzac séjourne, en 1823 notamment, quand il se rend dans sa province natale. Pierre Citron a clairement souligné les points communs entre le général et le colonel : *« Né à Montauban en 1776, [il] n'était sans doute pas tout à fait, comme Chabert, un enfant trouvé; mais c'était un enfant adultérin. [...] Il s'engagea à quinze ans. Caporal en 1792, il fit, comme Chabert, les campagnes d'Italie, d'Égypte et de Prusse. Colonel en 1806, baron en 1810, et autorisé à prendre le nom de Saint-Geniès, général de brigade en 1811, il était vicomte depuis 1822, et grand-officier de la Légion d'Honneur à compter du 2 décembre 1831 »* (P. Citron, introduction au *Colonel Chabert,* S.T.F.M., Didier, 1961, pp. XLVIII-XLIX).

Il faut ajouter que plusieurs colonels Chabert ont existé : un capitaine de cavalerie, un guide à cheval, un général baron... Le romancier ne cherche pas à amuser son lecteur quand Derville demande à Chabert, qui vient de lui donner son nom :

« *lequel ?* » (p. 29, l. 498). Il souligne l'« anonymat » auquel le colonel est condamné.

DES SCÈNES ET DES HISTOIRES

Les farces des jeunes clercs et les malheurs des vétérans ne sauraient être considérés comme des créations balzaciennes. Ils s'inscrivent dans une tradition et une mode littéraires.
Le *Tableau de Paris* (1782), de Sébastien Mercier, constitue une référence incontestable de tous les « observateurs réalistes » de la France « moderne ». Le chapitre 206, intitulé « procureurs, huissiers », comporte ainsi des lignes dont Balzac a pu s'inspirer : « *Entrez dans un greffe de procureur, appelé improprement étude : huit à dix jeunes gens piquant la dure escabelle sont occupés à gratter du papier timbré du matin au soir. Bel emploi ! Ils copient des avenirs, des exploits, des significations, des requêtes ; ils grossoyent. Qu'est-ce que grossoyer ? C'est l'art d'allonger les mots et les lignes, pour employer le plus de papier possible, et le vendre ainsi tout barbouillé aux malheureux plaideurs ; de sorte qu'on puisse en former des dossiers épais. Et qu'est-ce qu'un dossier ? C'est la masse bizarre de ces épouvantables procédures.* »
Au début du XIXe siècle se développe, à la suite de Mercier, toute une littérature de reportage et de « choses vues » dans laquelle Balzac puise souvent des sujets, des lieux ou des événements.
Au théâtre, où il aimait se rendre, Balzac pouvait aussi trouver des sources d'inspiration. À l'époque où il était clerc chez Guillonnet-Merville, les Variétés présentent *L'Étude sens dessus-dessous ou les Clercs en goguette* (anonyme). Sur la même scène, en 1821, un autre ancien clerc chez Guillonnet-Merville, devenu lui aussi célèbre, Scribe, fait représenter sa pièce *L'Intérieur de l'Étude ou le Procureur et l'Avoué*. Le personnage de l'avoué présente bien des points communs avec la future créature balzacienne : il se nomme lui aussi Derville (mais c'est un nom romanesque banal à l'époque : cf., entre autres, *Le Rouge et le Noir*) et déclare à sa femme de chambre qui lui reproche de rentrer tard : « *La nuit est à moi, et je peux l'employer comme je veux... Mais le jour est à mes clients !* [...] *Deux heures de sommeil, c'est tout ce qu'il me faut.* »
Doit-on pour autant immédiatement accuser Balzac de plagiat ? Rien n'est moins évident. Comme l'a expliqué Pierre Citron (*op. cit.*), « *si les personnages sont identiques, c'est qu'ils sont copiés sur la même réalité* ».
En 1832, les vieux colonels de l'Empire apparaissent dans

plusieurs œuvres littéraires, l'*Indiana* de George Sand et la *Teresa* d'Alexandre Dumas entre autres. La mode des récits militaires s'est développée depuis une dizaine d'années ; *L'Orphelin Soldat ou Malheur et Gloire* de J. Broussard présente un héros blessé et laissé pour mort. Dans *Le Passage de la Bérésina* d'Émile Debraux, un colonel, évanoui lors d'une bataille, reste fou pendant deux ans. Pierre Citron cite un extrait d'*Éléonore*, roman anonyme, encore plus proche du *Colonel Chabert* ; son héros raconte : « *Laissé pour mort et couvert de blessures, je respirais à peine, lorsque, dans la nuit, des maraudeurs russes vinrent chercher du butin parmi les cadavres. Ils me dépouillèrent. J'avais perdu une grande quantité de sang, et je n'avais pas ma connaissance ; je demeurais exposé au froid et à une mort certaine, quand un général russe qui parcourait le champ de bataille s'approcha de moi, sentit battre mon cœur et fit visiter mes blessures. Un chirurgien les pansa, et l'on me transporta à la première ambulance où je trouvai des âmes généreuses qui compatirent à mon sort. Des femmes russes qui suivaient l'armée eurent pitié de moi. Je fus soigné par elles, mais comme j'avais perdu mon uniforme et que le délire qui m'avait saisi m'empêchait de me faire connaître, je fus traité comme soldat. Quand j'eus repris mes sens, il me fut impossible de me faire entendre [...].* »

Ces rapprochements laissent dans l'ombre un aspect essentiel de la création balzacienne, lié à un lieu symbolique du roman : le champ de bataille d'Eylau.

UNE INSPIRATION PICTURALE

Dans *Des Artistes*, Balzac écrit : « [L'œuvre d'art] *est, dans un petit espace, l'effrayante accumulation d'un monde entier de pensées, c'est une sorte de résumé.* » Aucune œuvre romanesque, avant la sienne, ne comporte autant de références à l'art, autant d'«équivalences» picturales (cf. le portrait de Chabert, pp. 27-28). Baudelaire l'a compris l'un des premiers en comparant à un «aquafortiste» l'auteur de *La Comédie humaine*. La genèse de ce monde ne saurait être étrangère à l'art, et c'est dans la peinture qu'il faut chercher l'une des «clefs» du *Colonel Chabert*, comme l'a brillamment expliqué Olivier Bonard : le tableau de Gros, *Napoléon visitant le champ de bataille d'Eylau* (cf. p. 135), a certainement influencé Balzac, et permet de comprendre son choix d'Eylau, non de la campagne de Russie : « *De cela nous n'avons pas de preuve formelle. Mais nous savons que Balzac connaissait Gros, qu'il cite la même année dans La Bourse et dont il fera plus tard, dans La Rabouilleuse, un personnage agissant. Un détail de l'épisode intitulé primitivement*

La Résurrection *nous apprend en outre qu'après avoir été blessé et désarçonné par un officier russe, Chabert a failli être écrasé par le cheval de Murat, sous les ordres duquel, nous dit Balzac, il servait. M. André Billy a montré que ce détail était historiquement difficile à admettre puisque la cavalerie de la Garde, dont fait partie Chabert, était commandée à Eylau par Bessières. Or, dans le tableau de Gros, on voit justement Murat, facilement reconnaissable à son aigrette, caracolant hardiment aux côtés de l'Empereur. Il est donc permis de penser que Balzac a associé un peu hâtivement, parce que le peintre les associait, la figure de Murat et le motif des blessés et des mourants ensevelis pêle-mêle sous la neige. [...] Il est alors plus facile de comprendre pourquoi Balzac, à cette époque tout spécialement, se réfère constamment à des noms de peintres, à des titres de tableaux et à tout un langage pictural. Il y a plus qu'un banal orgueil d'amateur d'art dans cette habitude, plus qu'un souci de documentation ou d'exactitude, plus qu'un désir d'être poétique à tout prix : chez lui, chaque image devant laquelle il s'exclame "Que c'est beau !", comme le rapportait Baudelaire, est le moment d'un destin que le roman va pouvoir dévoiler et développer sous nos yeux»* (O. Bonard, *La Peinture dans la création balzacienne*, Droz, 1969, pp. 54-61).

On peut relever sept états du texte :

1. Le manuscrit de Balzac, incomplet, conservé à la collection Lovenjoul ; il correspond, à peu près, au dernier tiers du roman ; le titre de l'œuvre est *La Transaction*.

2. La version publiée en 1832 dans le journal *L'Artiste* et reproduite dans *Le Salmigondis* ; elle était divisée en quatre chapitres intitulés « Scène d'étude », « Résurrection », « Les Deux Visites », « L'Hospice de la vieillesse », et suivis d'une conclusion. L'action se déroule en 1816.

3. La version du *Salmigondis* avec des variantes.

4. La version de 1835, dans les *Études de Mœurs au XIXᵉ siècle* (reproduite, en 1839, dans l'édition Charpentier) ; le titre du roman change et devient *La Comtesse à deux maris* ; le texte, profondément remanié, ne comporte plus que trois chapitres : « Une étude d'avoué », « La Transaction » et « L'Hospice de la vieillesse » ; des noms de personnages sont ajoutés (cf. notes) ; l'action se déroule en 1817.

5. La version Charpentier avec des variantes.

6. La version de l'édition Furne en 1844 ; le titre définitif apparaît : *Le Colonel Chabert* est intégré aux « Scènes de la vie parisienne » ; le découpage en chapitres est supprimé ; l'action se déroule en 1818-1819.

7. L'exemplaire corrigé par Balzac de l'édition Furne, ou Furne corrigé ; Balzac repousse la rencontre de Bicêtre à 1840 (après 1830 et 1832), ajoute la dernière phrase de Godeschal et insère le roman dans les « Scènes de la vie privée » ; c'est cette dernière version que reproduit la présente édition.

EXTRAIT DE LA VERSION DE 1832

Pour apprécier les corrections de Balzac, on comparera l'extrait suivant avec le texte de notre édition (cf. p. 29 l. 511-522) :

> « *"Monsieur, reprit l'avoué, pendant le jour je ne suis pas trop avare de mon temps ; je ne compte jamais les instants, mais au milieu de la nuit les minutes me sont précieuses, soyez bref et concis ; je vous demanderai moi-même les éclaircissements sur les points qui me sembleront obscurs. Allez !..."*
> *Et le jeune homme, faisant rasseoir son singulier client, s'assit lui-même au bord de la table, en lisant les dossiers et prêtant tout à la fois son attention au discours du feu colonel ; mais il quitta bientôt ses procédures.*
> *"Monsieur, dit le défunt, vous savez peut-être que je commandais un régiment de cavalerie à Eylau."* »

N.B. À ceux que les maladresses initiales feraient sourire, on peut citer les mots par lesquels Albert Thibaudet conclut un chapitre de son *Histoire de la littérature française de 1789 à nos jours* :

> « Une force de la nature prend nécessairement un style de flux, un style de marche. La marche de Balzac dans son style est moins onduleuse que celle de Massillon, moins impeccable que celle de Rousseau, moins savante que celle de Chateaubriand, moins glissante que celle de Lamartine dans sa prose [...]. Il s'avance dans un piétinement de chevaux et d'hommes en marche, puissant et non musical. Et l'oreille elle-même finit par reconnaître que c'est la Grande Armée qui passe » (A. Thibaudet, *op. cit.*, Stock, 1936, p. 238).

À PROPOS DE L'ŒUVRE

CHABERT ET *LA COMÉDIE HUMAINE*

On notera que les périodes embrassées par le roman sont de plus en plus vastes : la conquête de l'Histoire passe bien par la création romanesque.

LE COLONEL CHABERT DANS *LA COMÉDIE HUMAINE*

LA COMÉDIE HUMAINE
2 209 personnages dont 515 qui réapparaissent au moins une fois.
Rappel : la grande idée balzacienne du retour des personnages date de 1834. Elle est donc postérieure au *Colonel Chabert*. C'est en corrigeant les éditions successives de ses œuvres que le romancier instaure des rapports d'un roman à l'autre, en « baptisant » ou en « rebaptisant » un personnage.
Les personnages du *Colonel Chabert* dans *La Comédie humaine* : • Godeschal : *Un début dans la vie* (1842). • Desroches : *La Maison Nucingen* (1838). • Vergniaud : *La Vendetta* (1830). • Crottat : *Melmoth réconcilié* (1835), *La Femme de trente ans* (1834). • Derville : douze romans dont *Gobseck* (1830), *Le Père Goriot* (1834), *César Birotteau* (1837).
N.B. *Le Colonel Chabert* comporte aussi de nombreuses allusions à d'autres romans de *La Comédie humaine* ; elles ont été abordées dans les notes.

AU XIXᵉ SIÈCLE

Autocritique et modifications
●

Balzac lui-même est son premier critique, corrigeant sans cesse ses textes, notamment à l'occasion de nouvelles éditions. En 1835, dans une lettre à Madame Hanska, le romancier se montre sévère à l'égard du *Colonel Chabert* : «*J'ai trouvé cela détestable, manquant de goût, de vérité, et j'ai eu le courage de recommencer sous presse.*»

Certaines fautes de goût peuvent justifier cette exigence : la transaction initiale proposée par Chabert prévoyait par exemple que « *pendant deux jours, pris l'un au commencement et l'autre au milieu du mois, et dans chaque mois de l'année, tous ses droits d'époux soient reconnus*»... Les trois titres successifs de l'œuvre (*La Transaction, La Comtesse à deux maris* et *Le Colonel Chabert*) témoignent également d'éclairages différents donnés par l'auteur à ses trois personnages principaux. Dans une intention similaire, Balzac a d'abord fait figurer son roman dans les *Scènes de la vie parisienne*, avant de l'intégrer aux *Scènes de la vie privée* (mais jamais, remarquons-le, aux *Scènes de la vie militaire*).

Portrait du romancier en personnage
●

Dans ses *Portraits contemporains*, Théophile Gautier peint «*le jeune Honoré*» dans une tenue qui évoque immédiatement Chabert... Mais l'activité intense – et nocturne – du romancier rappelle plutôt Raphaël, le héros de *La Peau de chagrin* ... ou Maître Derville :

> «Figurez-vous le jeune Honoré, les jambes entortillées d'un car-rick• rapiécé, le haut du corps protégé par un vieux châle mater-nel, coiffé d'une sorte de calotte dantesque dont Mme de Balzac connaissait seule la coupe, sa cafetière à gauche, son encrier à droite, labourant, à plein poitrail et le front penché comme un bœuf à la charrue, le champ pierreux et non défriché pour lui de la pensée. La lampe brille comme une étoile, au fond de la maison noire; la neige descend en silence sur les tuiles disjointes; le vent souffle à travers la porte et la fenêtre. Si quelque passant attardé eût levé les yeux vers cette petite lueur obstinément tremblotante, il ne se serait certes pas douté que c'était l'aurore d'une des plus grandes gloires de notre siècle.»
>
> Théophile Gautier, *Portraits contemporains*.

138

Adaptations et amalgames

·

Quelques semaines seulement après la parution du roman dans *L'Artiste*, Jacques Arago et Louis Lurine écrivent et font jouer au Vaudeville *Chabert*, drame adapté de Balzac. Si un très grand nombre de répliques reprennent littéralement des phrases de *La Transaction*, les auteurs élargissent le rôle du comte Ferraud (rebaptisé Ferrière) et sombrent dans une grandiloquence un peu ridicule, dont deux passages donneront une idée :

« Derville. *La loi est précise, voici le code.*
Chabert, avec transport. *Le code Napoléon ! Depuis la bataille d'Eylau, je n'ai pas revu mon maître, laissez-moi embrasser son ouvrage.*
Derville, à part. *Cet homme est de bonne foi.* »

« Ferrière. *Adieu, madame la comtesse Chabert !*
Chabert. *Adieu, madame la comtesse Ferrière !*
(Elle tombe dans un fauteuil. Rideau.) »

La pièce connaît pourtant un certain succès. Quelques journaux, comme *Le National* et *Le Constitutionnel*, rendent justice à Balzac ; d'autres utilisent le prétexte de l'adaptation théâtrale pour critiquer le romancier (qui y est pourtant étranger !). *Le Colonel Chabert* fait partie des romans de Balzac les plus adaptés (à la scène ou à l'écran) et les plus traduits dans le monde.

Éloges et révélations

·

Victor Hugo et Charles Baudelaire ne se sont pas trompés sur le génie de Balzac. Le premier situe *La Comédie Humaine* dans l'épopée napoléonienne ; le second, neuf ans plus tard, souligne l'ambition stylistique du romancier ; mais les deux grands poètes s'accordent à célébrer le « *réalisme visionnaire* », l'osmose de « *l'observation* » et de « *l'imagination* » dans la création balzacienne :

> « *M. de Balzac faisait partie de cette puissante génération des écrivains du dix-neuvième siècle qui est venue après Napoléon [...] comme si, dans le développement de la civilisation, il y avait une loi qui fît succéder aux dominateurs par le glaive les dominateurs par l'esprit. [...] Tous ses livres ne forment qu'un livre, livre vivant, lumineux, profond, où l'on voit aller et venir et marcher et*

se mouvoir, avec je ne sais quoi d'effaré et de terrible mêlé au réel, toute notre civilisation contemporaine, [...] livre qui est l'observation et qui est l'imagination ; qui prodigue le vrai, l'intime, le bourgeois, le trivial, le matériel, et qui par moments, à travers toutes les réalités brusquement et largement déchirées, laisse tout à coup entrevoir le plus sombre et le plus tragique idéal. »

Hugo, Discours prononcé au Père-Lachaise,
le 21 août 1850, à l'enterrement de Balzac.

« Avoir non seulement un style, mais encore un style particulier, était l'une des plus grandes ambitions, sinon la plus grande, de l'auteur de La Peau de chagrin. »

Baudelaire, *L'Art romantique*, premier article
sur Théophile Gautier, 1859.

Engels, l'ami et collaborateur de Marx, est, quant à lui, plus sensible au réalisme balzacien ; le co-auteur du *Manifeste du parti communiste* considère même *La Comédie humaine* comme la plus remarquable histoire :

« Balzac que j'estime être un artiste réaliste définitivement plus grand que tous les Zola du passé, du présent et de l'avenir, nous donne dans sa Comédie humaine, l'histoire réaliste la plus remarquable de la "société" française, en décrivant, sous forme de chroniques, d'année en année, à partir de 1816 jusqu'à 1848, les mœurs, la pression de plus en plus grande que la bourgeoisie ascendante a exercée sur la noblesse, restaurée après 1815, et qui, dans la mesure du possible (tant bien que mal) redressait le drapeau de la vieille politique française. Il décrit comment les derniers restes de cette société, exemplaire pour lui, ont peu à peu péri sous la pression du parvenu vulgaire ou ont été corrompus par lui ; (comment la grande dame dont les infidélités n'avaient été qu'une manière de s'affirmer, parfaitement conforme à la position qui lui était réservée dans le mariage, a cédé la place à la femme bourgeoise, qui se procure un mari pour avoir de l'argent ou des toilettes). Autour de ce tableau central, il groupe toute l'histoire de la société française, où j'ai plus appris, même en ce qui concerne les détails économiques (par exemple, la redistribution de la propriété réelle et personnelle après la Révolution), que dans tous les livres des historiens, statisticiens professionnels de l'époque, pris ensemble. »

Engels, lettre à Margaret Harkness, 1888.

AU xxᵉ SIÈCLE

À PROPOS DE L'ŒUVRE

Un genre ambigu
•

Récit bref, *Le Colonel Chabert* n'en présente pas moins des personnages complexes, dans une perspective historique et littéraire, qui relèvent du roman plus que de la nouvelle :

> *« Ces nouvelles de 1832 sont encore des contes par leurs dimensions, mais déjà des romans par leur prolongement dans le temps. [...] Après sa dernière entrevue avec la comtesse Ferraud, le comte Chabert redevient Hyacinthe, enfant trouvé, vieux soldat et vagabond. L'horizon du romancier s'étend plus loin que les bornes d'une crise. L'essence du roman est d'être l'histoire d'une vie. [...] En suivant ses personnages jusqu'aux limites de leur vie, en se donnant la faculté d'agrandir les horizons de sa nouvelle au moyen des résonances infinies de la durée, le conteur s'arroge un des pouvoirs propres au romancier. Les nouvelles de 1832 ne sont déjà plus à ce point de vue des contes : on y sent déjà la transition vers le roman. »*
>
> M. Bardèche, *Balzac, romancier*, Slatkine Reprints, 1967, p. 397.

Notons à ce propos que Balzac a finalement ôté à Derville le statut de narrateur-« conteur », et a opté pour l' omniscience•, ce qui confirme le jugement précédent.

La comédie pessimiste
•

Amour, justice et argent ne peuvent être conciliés. A. Wurmser remarque que *« les romans balzaciens où l'amour est l'élément primordial sont peu nombreux »* ; il propose l'explication suivante :

> *« Il n'y a pas d' amour dans* La Maison Nucingen, Le Curé de Tours *[...] et presque pas dans* Gobseck, Le Colonel Chabert, César Birotteau. *[...] Loin d'élever l'âme, l'amour est une faiblesse indigne des "hommes énergiques", de Vautrin, de Marsay, de Nucingen jusqu'à la sénilité, de Balzac jusqu'à l'affaiblissement de ses facultés créatrices. [...] L'amour n'est même pas le repos du guerrier : il est l'agitation du lâche. »*
>
> A. Wurmser, *La Comédie inhumaine*, coll. « Bibliothèque des idées », Gallimard, 1970, p. 620.

À ceux que lasserait l'évocation du monde de la chicane•, le même critique répond :

> « On a prétendu que Balzac, formé par la basoche•, avait donné à ce que Gautier appelle "le contentieux de La Comédie humaine" une importance trop grande. Mais comment la mêlée des ambitieux n'aurait-elle pas provoqué d'innombrables procès ? Au reste, en 1845, son oeuvre presque achevée, il s'attarde au Palais• et écrit à Mme Hanska : "Je n'avais jamais entendu plaider." Ce qui l'intéresse dans la justice, ce n'est pas l'éloquence, mais l'avoué•, l'huissier•, [...] la faillite, la vénalité – l'Argent-Roi. Toutes proportions gardées, il n'y a pas plus de procès dans l'œuvre de Balzac que dans sa vie. Le nombre de délits qui font l'objet de procès dans La Comédie est d'ailleurs, comme dans la vie réelle, considérablement moindre que celui des délits que la justice n'atteint pas, ignore ou ne peut punir. »
>
> A. Wurmser, id., p. 580.

Le pessimisme balzacien apparaît alors crûment, notamment dans *Le Colonel Chabert* :

> « L'argent et l'amour : il est aisé de suivre, dans leur développement parallèle, les deux données fondamentales de l'œuvre et de la vie. Le pessimisme balzacien n'a cessé de s'accentuer ; s'il est déjà tout entier dans La Peau de chagrin et Le Colonel Chabert, les conflits d'intérêt, les rivalités et les spoliations tiennent dans l'œuvre une place toujours grandissante. »
>
> G. Picon, *Balzac*, coll. « Écrivains de toujours »,
> Seuil, 1956, p. 58.

Chabert révolutionnaire ?
•

Le tableau que dresse Balzac de la Restauration relève-t-il d'une conception révolutionnaire de l'Histoire ? Et, dans l'affirmative, quel sens convient-il de donner à la notion de « révolution » ? La question, complexe, suscite des réponses opposées. L'écrivain Jean-Louis Bory pense que « *la vision que Balzac donne du monde est proprement révolutionnaire* » :

> « Et révolutionnaire parce que Balzac nous montre le dessous des cartes. Et qu'il nous le montre avec une incroyable lucidité. Quelle est l'immense, la colossale leçon de politique et d'histoire que l'on tire de La Comédie humaine ? Oui, la Révolution a existé, la Vieille France est morte, et la Restauration qui cherche à faire renaître cette Vieille France est condamnée d'avance. »
>
> Jean-Louis Bory, *Balzac*, coll. « Génies et réalités »,
> Hachette, 1959.

Mais un grand spécialiste de Balzac explique pourquoi Chabert, symbole de la même idéologie que sa femme ou Derville, relève plus d'un «réalisme critique» que d'un «romantisme révolutionnaire» :

> «Chabert, toutefois, figure objectivement critique, est-il pour autant une figure de signification révolutionnaire, au sens idéaliste du terme? Certes non, et c'est par là que le personnage est daté. Face à un jeune homme qui a sa fortune à faire et à une femme qui défend la sienne, de quelle conception de la vie est-il le porte-parole et l'image? Exactement de la même. Simplement, lui est dehors, et eux sont dedans. Ancien enfant trouvé, il est devenu "le plus joli des muscadins, en 1799", et il rêve de cet hôtel de Strasbourg où il a jadis donné une fête. Il regarde à l'intérieur des voitures exactement comme Lucien de Rubempré, et son cri de vengeance, comme toute son entreprise, ne vise nullement à changer le monde, mais à y prendre sa place. [...] Si Chabert pousse Alceste à ses extrêmes conséquences, Derville apparaît un peu comme un nouveau Philinte, bien situé dans son siècle. Tel est, en définitive, le sens du texte: "réaliste critique", selon le vocabulaire de Lukacs, en ce qu'il fait apparaître les conflits réels, mais non pas "romantique révolutionnaire", en ce sens qu'à sa date il ne saurait assigner aucune fin lumineuse à l'Histoire.»
>
> P. Barbéris, introduction au Colonel Chabert, tome III de La Comédie humaine, «Bibliothèque de la Pléiade», Gallimard, pp. 308-309.

Le visage moderne de l'horreur
•

Si Chabert exerce une fascination toujours renouvelée sur les lecteurs, c'est sans doute parce que Balzac, plus qu'un caractère, y développe un fantasme que l'humanité tente en vain de refouler : le sentiment de culpabilité devant des sacrifices inutiles et injustes ; l'horreur de guerres ignobles... et la douleur d'une impossible rédemption :

> «[Les] scènes hallucinantes tiennent, en fait, assez peu de place dans Le Colonel Chabert et Adieu, où la plus grande partie de l'action se déroule postérieurement aux événements historiques dont elles constituent la transposition symbolique. Mais elles suffisent à donner à la guerre son vrai visage; entendons : son visage actuel. Avec ces nouvelles, Balzac ouvre une série où vont venir se ranger, pendant un siècle et demi, c'est-à-dire jusqu'à nos jours, dans une unité de ton quasi-parfaite, des centaines et des centaines d'écrits inspirés par la guerre. Il intronise la forme

moderne de l'horreur. Dans Le Colonel Chabert et Adieu, [...]
l'horreur de la guerre nous est communiquée avec d'autant plus de
force qu'elle est revécue mentalement par les personnages, et non
pas subie par eux dans l'instant présent; elle s'accroît ainsi de ce
qu'elle a d'ineffaçable. Nous découvrons ici son flamboiement
aveuglant et durable qui, de la même façon qu'une lumière trop
vive nous empêche de nous endormir, maintient les morts hors du
repos. Le colonel Chabert est pratiquement mort à Eylau, sous le
tas de cadavres; il ne subsiste de lui qu'un fantôme comme rejeté
dans le monde des vivants par un excès de souffrances, l'inconfort
d'un néant trop mal abordé. Dès lors, il devient comme le remords
incarné de l'espèce humaine, qui refuse de l'admettre, essaie de le
repousser dans le passé auquel il appartient et qu'il prolonge
indûment, par sa survie artificielle. »

P. Gascar, préface au Colonel Chabert, coll. « Folio »,
Gallimard, 1974, pp. 12-13.

Fabrice Luchini et Gérard Depardieu
dans l'adaptation cinématographique d'Yves Angelo (1994).
Ph. Benoît Barbier.

144

SERVIR SOUS LES DRAPEAUX À L'ÉPOQUE DE CHABERT

Le recrutement de l'armée

•

Le recrutement de l'armée change sensiblement pendant les guerres de la Révolution : sous la Législative, des bataillons de volontaires viennent renforcer les effectifs, amoindris par l'immigration d'officiers et la désertion de soldats ; deux cents bataillons, distincts par leur uniforme, servent ainsi sous les drapeaux, mais ne suffisent plus face à la première coalition. La Convention met alors en place la réquisition, inspirée par le principe que tout citoyen doit le service militaire à la patrie ; le décret héroïque du 23 août 1793 organise la levée en masse : « *Dès ce moment, jusqu'à celui où les ennemis auront été chassés du territoire de la République, tous les Français sont en réquisition pour le service des armées. [...] Les femmes feront les tentes [...], les enfants mettront les vieux linges en charpie ; les vieillards se feront porter sur les places publiques pour exciter le courage des guerriers [...].* »

Grâce à la réquisition, les effectifs atteignent, en 1796, près de 800 000 hommes (l'armée royale de 1789 en comptait moins de 300 000).

Pour faire face à la seconde coalition, le Directoire organise la conscription : la loi appelle en principe tous les Français de vingt à vingt-cinq ans, mais, en pratique, divise les conscrits en cinq classes d'après leur âge, la plus jeune étant réquisitionnée la première. La conscription permit de lever 200 000 hommes chaque année, mais devint de plus en plus impopulaire, à mesure que les guerres continuelles exigeaient sans cesse de nouveaux jeunes gens. De 1805 à 1806, Napoléon aurait levé plus de deux millions de soldats en Europe : un million et demi seraient morts sur les champs de bataille ou dans les hôpitaux. Le système du tirage au sort, et celui du remplacement, qui autorisaient le conscrit riche, mais victime du tirage d'un mauvais numéro, à acheter un « remplaçant », sont progressivement oubliés, et, devant l'horreur de partir se faire tuer loin de chez eux, de nombreux jeunes se mutilent, aggravent des blessures ou fuient dans les montagnes ; à partir de 1808, l'Empereur commence à recevoir le surnom qui suggère les exigences atroces de la guerre : *l'Ogre* (la Restauration, après les terribles exactions commises par les Alliés, et le premier traité de Paris lui rendront son ancienne popularité).

145

Légendes et réalités
•

Le culte que vouent à l'Empereur les soldats de l'armée impériale est connu et illustré par bien d'autres œuvres que *Le Colonel Chabert*; il peut être résumé par le mot d'un officier de la vieille Garde à son «père et patron» : «*Nous voyons bien que nous n'aurons pas le bonheur de mourir à votre service.*» Une telle phrase ne surprendrait pas dans la bouche du colonel balzacien... Leurs adversaires reconnaissent d'ailleurs la valeur des grognards, comme cet officier prussien qui écrit après la bataille d'Iéna : «*Ils sont petits, chétifs; un seul de nos Allemands en battrait quatre; mais ils deviennent au feu des êtres surnaturels.*» Dans une telle perspective, la réapparition et le récit de Chabert relèvent d'une double dimension fantastique...

La vie militaire est aussi à l'origine de prodigieuses ascensions sociales (celle de Murat, par exemple) et d'énormes fortunes (celle d'Ouvrard, entre autres). Mais les situations varient d'un officier à l'autre, comme l'a montré Jean Tulard : «*La promotion au grade de sous-lieutenant est désormais moins rapide que sous la Révolution. [...] À l'apogée de l'Empire, les chances pour un soldat de sortir du rang semblent plus faibles que sous la Révolution. Napoléon se montre exigeant dans le recrutement de ses officiers. Toutefois, après le désastre de Russie, il a dû procéder à de véritables fournées de sous-lieutenants et de capitaines. L'un des bénéficiaires fut le célèbre Coignard, lieutenant en 1812 et capitaine l'année suivante. Aux généraux vont récompenses pécuniaires et titres nobiliaires. Alors qu'il existe une relation avec le grade dans la distribution des titres de noblesse, la répartition des dotations s'est faite de manière arbitraire, favorisant surtout l'entourage immédiat : Sopransi, fils de la maîtresse de Berthier, avait déjà 5 000 francs de dotation, plus que certains généraux, alors qu'il n'était que chef d'escadron. [...] En fait beaucoup de généraux durent se contenter de leur solde [...]*[1].»

Le destin du colonel Chabert apparaît donc exemplaire; et l'allusion du romancier à Coignard confirme sa volonté de situer ses personnages dans une Histoire réelle... et légendaire.

---

1. J. Tulard, *La vie quotidienne des Français sous Napoléon*, Hachette, 1978, «Le Livre de poche», pp. 256-257.

Les humiliations et les « conversions »

•

La Restauration constitue un tournant dramatique dans la vie de nombreux soldats : 500 000 hommes ne pouvant être conservés sur le pied de guerre après la signature de la paix, plus de 300 000 sont renvoyés dans leurs foyers ; certains officiers sont mis à la retraite, mais d'autres, trop jeunes pour y prétendre, se voient contraints à l'inactivité, avec la moitié de leur solde (d'où leur surnom de demi-soldes). Privés d'action, d'héroïsme et de ressources suffisantes, ces soldats de l'Empire maudissent la loi et rêvent d'un retour de l'Empereur, d'autant plus exaspérés qu'on réintègre alors dans les cadres de l'armée des officiers de l'ancien régime qui ont combattu dans les armées royales de Vendée, voire sous les drapeaux ennemis...

Pourtant, les quinze années de la Restauration permirent aussi à certains officiers de servir « *aussi loyalement le roi qu'ils avaient jadis servi l'Empereur* », comme l'a montré G. de Bertier de Sauvigny : « *Un grand nombre d'anciens officiers des armées royales, qui s'étaient fait donner des épaulettes dans les premiers temps de la Restauration, s'étaient dégoûtés assez vite d'un métier dont on ne retirait ni fortune, ni considération, et chaque année les démissions étaient nombreuses. Pour combler les vides ainsi créés, on fit appel aux anciens officiers de l'Empire, aux fameux demi-soldes, et ceux-ci, quoi qu'en dise une légende tenace, servirent aussi loyalement le roi qu'ils avaient jadis servi l'Empereur. Ces quinze années de la Restauration, si pacifiques par contraste avec celles qui les avaient précédées, ne furent tout de même pas des années de stagnation pour l'armée. Les trois expéditions d'Espagne, en 1823, de Morée, en 1828, et d'Alger, en 1830, furent autant de succès.*[1] »

Si Chabert n'appartient pas – loin s'en faut ! – à cette dernière catégorie d'officiers, cette analyse a le mérite de rappeler que, sous la Restauration, l'ascension sociale et la conquête du monde ne reposent plus sur la valeur militaire, mais sur l'habileté politique ; Ferraud a réussi... et la comtesse peut dormir tranquille.

---

1. G. Bertier de Sauvigny, *La Restauration*, coll. « Champs ». Flammarion, pp. 284-285.

ARGENT et FORTUNE

•

«Trop cher! reprit le vieux soldat . Je vous ai donné près d'un million, et vous marchandez mon malheur. Hé bien, je vous veux maintenant vous et votre fortune.»

Dans le roman : les trois personnages principaux du roman relèvent d'une même idéologie, caractéristique du XIXe siècle : ils veulent posséder (ou recouvrer) des biens. Néanmoins, les moyens qu'ils mettent en œuvre pour y parvenir diffèrent singulièrement : Chabert est le bénéficiaire, certes temporaire, d'une carrière courageuse ; sa femme tient sa fortune de ses maris, c'est-à-dire de sa séduction ; Derville, qui est un joueur, se montre prudent calculateur... sauf avec le colonel qui lui fait précisément perdre de l'argent ! Pour distinguer encore davantage ses personnages, Balzac précise leur caractère par chacune des trois relations possibles à l'argent : le désintéressement (Chabert), la cupidité (la comtesse) et l'intérêt (Derville).
Les thèmes de l'argent et de la fortune se confondent aussi dans leur dimension symbolique, puisque la perte d'identité et la dépossession frappent simultanément Chabert : refusant les situations romanesques du riche amnésique ou du dépossédé lucide, Balzac développe donc à la fois une critique sociale et une méditation philosophique : il est en quelque sorte impossible d'«*être*» quand on ne «*possède*» pas ; la société ne reconnaît pas le droit d'exister à celui qui ne peut faire valoir ses biens.
Cette «raison du plus riche» ne saurait néanmoins être assimilée à un quelconque «bonheur de l'argent» : la comtesse, dévorée par un «*cancer moral*», finit par sombrer dans la dévotion (qu'il ne faut pas confondre avec la joie d'une foi véritable...) ; et Derville fuit Paris, en avouant : «*[...] Il existe dans notre société trois hommes, le Prêtre, le Médecin et l'Homme de justice, qui ne peuvent pas estimer le monde [...]. Ils ont des robes noires, peut-être parce qu'ils portent le deuil de toutes les vertus, de toutes les illusions. Le plus malheureux des trois est l'avoué.*»
Le premier titre du roman suggérait bien l'importance de l'argent dans la société de la Restauration : la transaction caractérise un type de relations humaines fondées sur un échange d'avantages, un arrangement d'intérêts, ou, si l'on préfère, le troc de l'honneur et de l'argent.
Rapprochements : l'argent a souvent été présenté comme l'origine d'un mal moral ou social ; les moralistes classiques (Molière, La Fontaine, La Bruyère, etc.) ont décrit ses conséquences, de l'avarice à la vanité, de la malhonnêteté à la

mésentente ; que l'on songe à Harpagon, à Scapin, à Giton, au Savetier et au Financier... Les philosophes, depuis Montaigne (cf. *Essais*, I, 31), ont dépeint la corruption générale dont il pouvait être responsable : la critique est particulièrement virulente au XVIIIe siècle (cf. *Lettres persanes, Discours sur l'origine de l'inégalité, Le Neveu de Rameau,* etc.). Depuis le XIXe siècle, l'argent apparaît dans la littérature comme une forme de la puissance économique et du pouvoir politique (cf., entre autres, *Lucien Leuwen, L'Éducation sentimentale, Bel-Ami, La Curée, Les Hommes de bonne volonté,* etc.).

Chez Balzac, l'argent est plus qu'un thème, c'est une véritable obsession, dans sa vie comme dans son œuvre ; Grandet, Goriot, Claës, le cousin Pons, le banquier Nucingen... *La Comédie humaine* est peuplée de figures inoubliables qui vivent pour l'argent ou meurent à cause de lui. Constatant qu'il est « *la seule puissance de ce temps* » (*Le Cabinet des antiques),* « *le seul dieu moderne auquel on ait foi* » (*Eugénie Grandet),* le romancier n'hésite pas à affirmer que « *l'or représente toutes les forces humaines* » (*Gobseck*). Mais, loin de transformer sa fascination en soumission, Balzac démontre sans cesse les ravages que l'argent inflige à l'amour, et à la vie ; dans *La Peau de chagrin,* Raphaël ne connaît le bonheur que dans l'étude et la pauvreté relative de la maison Gaudin...

En considérant l'argent comme un moteur social et une motivation psychologique essentiels, Balzac a ouvert une voie que de nombreux artistes ont suivie après lui... Le film de Charlie Chaplin, *Les Temps modernes,* présente une critique sociale, une mise en cause de l'Histoire et un plaidoyer contre l'exclusion ; sa dimension comique le distingue certes du roman balzacien ! En 1928, à la veille du grand krach de Wall Street, Marcel L'Herbier a réalisé *L'Argent,* adaptation du roman de Zola et tentative de synthèse sur le pouvoir de l'argent dans les sociétés modernes. Avant l'invention du cinéma, un peintre comme Honoré Daumier a souligné l'injustice d'un monde où les humiliations frappent les pauvres ; il peint la condition humaine avec une férocité qui dépasse la simple caricature. Pour information, voici les équivalences entre les monnaies d'hier et d'aujourd'hui :

1 livre = 1 franc.
1 franc = 20 sous.
1 sou = 4 liards ou 12 deniers.
3 francs = 1 écu.
20 francs = 1 Louis ou 1 Napoléon.
1 franc de la Restauration = environ 20 francs actuels.
La fortune de Chabert, avant la sous-évaluation de la succession, atteindrait donc vingt millions de nouveaux francs...

ÉNERGIE et VOLONTÉ

•

« [...] Le pauvre soldat reçut un coup mortel dans cette puissance paticulière à l'homme et que l'on nomme la volonté. »

Dans le roman : l'énergie est un principe vital, un véritable instinct de survie. Pour échapper à la mort, Chabert doit *« travailler les cadavres »* avec une *« rage »* qu'il laisse imaginer à Derville. De même, c'est avec une *« horrible énergie »* que le colonel sort de l'ombre, quand il entend la comtesse refuser la transaction. Même si, au Palais, le regard du soldat a toujours *« une expression de stoïcisme »* (qui suggère l'ascétisme imposé par une puissante volonté), son énergie relève plus d'un dynamisme plébéien que d'un héroïsme aristocratique ; elle s'apparente moins à un pouvoir qu'à une force ; le personnage la subit, il ne la maîtrise pas.

Dans *La Comédie humaine* : pendant son adolescence, Balzac entreprit un *Traité de la volonté* ; il donna au héros de *La Peau de chagrin* la même ambition et formula, dans ce même roman, le dilemme dont il souffrit toute sa vie : vivre intensément, mais brièvement, ou vivre longtemps, mais sans plaisir ; cette alternative tragique, puisque l'homme doit choisir entre une vie « mortelle » et une vie « mourante », devient, pour le colonel Chabert, une évolution contradictoire, les deux destins se succédant au lieu de s'opposer... La dimension prométhéenne du personnage balzacien, mû par un désir qui le laisse éternellement insatisfait, explique pourquoi l'on a pu voir dans l'œuvre de Balzac une épopée réaliste des passions, fondée sur la splendeur et les misères de l'énergie... Albert Thibaudet a précisé comment elle est inséparable de la volonté : *« La vision de la "faculté maîtresse" que le roman de Balzac a suggérée à la critique de Taine, cet investissement d'un caractère par une passion unique, l'avarice chez Grandet, la mystique de l'argent chez Gobseck, la paternité chez Goriot, la luxure chez Hulot, l'envie dans la cousine Bette, la collection chez le cousin Pons, ce sont autant de concentrations d'énergie qui, à un moment privilégié, s'expriment et se libèrent en volonté »* (op. cit., p. 228).

Rapprochements : la peinture, on le sait, a souvent inspiré Balzac ; en Joseph Bridau (dans *Pierre Grissou*), le romancier a caractérisé l'artiste authentique, le génie qu'une énergie exceptionnelle oppose à la médiocrité bourgeoise ; comme Delacroix, c'est un homme affamé de couleurs et de mouvement : *« Déjà tout aussi fort que Gros en fait de couleur, il ne voyait plus le maître que pour le consulter ; il méditait alors de rompre en visière aux classiques, de briser les conventions grecques et les lisières dans lesquelles on renfermait un art à qui la nature* *appartient comme elle est, dans la toute-puissance de ses créations et de ses fantaisies.* » À partir de 1830, le succès incontestable de Delacroix marque, en effet, le triomphe de l'énergie sur le dessin. Mais c'est à Géricault que revient le mérite d'avoir le premier révélé le désespoir et la souffrance révoltée ; sa bouleversante série d'étude d'aliénés peut offrir des pistes de comparaison avec *Le Colonel Chabert*, notamment son *Aliéné avec monomanie de la gloire militaire* (1822-1823) : comme chez Balzac, l'énergie concentrée dans la composition exprime *a contrario* son sacrifice chez le personnage.

GUERRE
•

« J'entendis, ou crus entendre, je ne veux rien affirmer, des gémissements poussés par le monde de cadavres au milieu duquel je gisais. »

Dans le roman : la guerre est paradoxalement absente et omniprésente. Balzac, en effet, ne raconte pas la bataille, ne présente pas les tactiques des stratèges ou les mouvements des troupes ; pourtant, si elle semble échapper au romancier, à la réalité, la guerre envahit les discours, signe de sa puissance obsessionnelle et inconsciente ; « revécue » par Chabert, imaginée par Derville, elle apparaît souvent comme une référence inévitable : *« colonel sous la République »* selon Boucard, Chabert est présenté à Godeschal comme un homme qui *« a aidé Napoléon à conquérir l'Égypte et l'Europe »*. La guerre est aussi un univers « refoulé » par une société qui nie les vertus militaires supposées (courage, simplicité, honnêteté, etc.). Dans une perspective aussi symbolique, il n'est pas impossible de voir dans le *« monde de cadavres »* dont Chabert s'extirpe difficilement l'image d'une France dévastée par la guerre...

Rapprochements : depuis l'Antiquité, toute une tradition littéraire idéalise la guerre, soit par l'amplification épique (de *La Chanson de Roland* à « L'Expiation » ou au « Cimetière d'Eylau »), soit par la formation « virile » qu'elle permet (l'exemple de Fabrice à Waterloo, dans *La Chartreuse de Parme*, l'illustre nettement). La guerre n'en est pas moins contestée, dès le XVIᵉ siècle, au nom de l'humanisme qu'elle viole impunément : la dénonciation repose sur l'horreur (cf. d'Aubigné, *Les Tragiques*), le rire (cf. Rabelais, *Gargantua*, « la guerre picrocholine »), l'ironie ou l'indignation (cf. La Bruyère, *Les Caractères*, X ; Voltaire, *Micromégas, Candide* ; etc.). Une démythification est même entreprise par certains écrivains, avec les moyens opposés du réalisme et de la « contre-épopée » (cf. Zola, *La Débâcle* ; Martin du Gard, *Les Thibault* ; Céline, *Voyage au bout de la nuit* ; Malraux, *L'Espoir*).

L'histoire du cinéma présente des similitudes avec celle de la littérature ; en se limitant aux films américains, on peut observer que certains cinéastes ont su remettre en cause des politiques bellicistes en soulignant l'horreur de la guerre, tant dans sa réalité militaire que dans ses conséquences civiles. Ainsi montrent-ils comment l'expérience du feu déshumanise le soldat, le privant de sa raison et/ou de ses membres (cf. *Johnny got his gun, Apocalypse now* ou *Full Metal Jacket,* par exemple). À l'atrocité s'ajoute l'absurdité (cf. *Les Sentiers de la gloire* ou *Docteur Folamour,* deux films de Stanley Kubrick). Enfin, le retour de vétérans est l'occasion de constater la fragilité du corps social... et de l'esprit humain (cf. *Le Retour, Birdy, Rambo...*).

HISTOIRE
●

> *« Je suis le colonel Chabert qui a enfoncé le grand carré des Russes à Eylau ! Le bronze, lui ! me reconnaîtra. »*

Dans le roman : le récit, qui embrasse une longue période de notre histoire, la traite à la fois comme son cadre et son sujet, et ce d'une manière assez complexe ; à une époque où l'on cherche le sens de l'Histoire, Balzac suggère l'impossibilité pour son acteur d'y trouver une place légitime : c'est paradoxalement – mais d'une manière exemplaire – à Bicêtre, où il prétend n'être plus personne, que Chabert est reconnu, et craint, comme un brave par un officier prussien ! Même l'Empereur, que le colonel considère comme son père et son soleil, trahit en quelque sorte « son Chabert » : « *Heureux de ce mariage* [avec le comte Ferraud] *qui répondait à ses idées de fusion, Napoléon rendit à Mme Chabert la portion dont héritait le fisc dans la succession du colonel.* » Loin d'honorer la mémoire du « défunt », une telle « générosité » ruine son avenir... L'amalgame des classes sociales dans la France post-révolutionnaire, souhait de Louis XVIII et de Napoléon selon Balzac, n'est pas réalisé ; pis encore, les époux Chabert, tous deux d'origine modeste, terminent leurs jours aux extrémités opposées de l'échelle sociale... Le héros n'est pas un orphelin de l'Histoire, il en est la victime.

Dans *La Comédie humaine* : on peut rappeler la célèbre formule de l'*Avant-propos* : « *la Société française allait être l'historien, je ne devais être que le secrétaire* » ; on peut aussi mentionner une déclaration moins connue du romancier : l'auteur « *est historien, voilà tout* » (préface d'*Une fille d'Ève*). Le goût de Balzac pour les événements et les analyses historiques date de la première heure, de son *Cromwell* (1820). Trois utilisations balzaciennes de l'Histoire peuvent être distinguées : le romancier présente parfois un fait historique de manière plus ou moins «distanciée» (cf. la bataille de la Bérésina dans *Adieu*, par exemple) ; il raconte aussi des vies dont la valeur historique est indéniable (cf. l'enrichissement du père Grandet) ; il mélange enfin des voix de personnages pour faire entendre des échos ironiques ou douloureux des orphelins de l'Histoire (cf. le banquet dans *La Peau de chagrin* ou les plaisanteries des clercs dans *Le Colonel Chabert*). Annette Rosa et Isabelle Tournier (cf. bibliographie) ont exprimé en une formule heureuse l'enchâssement réciproque de l'histoire et de l'Histoire : *« Petite et grande histoire s'échangent quand les grands hommes ne sont plus dans le roman que des personnages secondaires »* ; c'est le cas de Napoléon dans *Le Colonel Chabert*.

Rapprochements : le roman historique a connu un développement évident sous l'influence de Walter Scott (cf. *Ivanhoé*) ; outre Balzac (*Les Chouans*), Hugo et Vigny se sont illustrés dans ce genre, caractérisé par la «couleur locale», le mélange de personnages historiques et fictifs, la prise en charge du destin national par le héros (cf. respectivement *Notre-Dame de Paris* et *Cinq-Mars*). *Salammbô* est une survivance (géniale !) du genre, alors que le romancier devient l'historien du présent : que l'on pense au sous-titre donné par Zola aux *Rougon-Macquart*, «histoire naturelle et sociale d'une famille sous le Second Empire». Dans *La Semaine Sainte*, Aragon revendique les droits de l'imagination, en dépit d'une documentation considérable sur le retour de Napoléon de l'île d'Elbe et le début des Cent Jours : *« Ceci n'est pas un roman historique. Toute ressemblance avec des personnages ayant vécu, toute similitude de noms, de lieux, de détails ne peut être l'effet que d'une pure coïncidence, et l'auteur en décline la responsabilité au nom des droits imprescriptibles de l'imagination. »*

La fiction cinématographique est aussi le prétexte d'une interrogation ou d'une mise en cause de l'Histoire. Certains films de Visconti (*Senso*, *Le Guépard...*), de Kurosawa (*Rashomon*, *Les Sept Samouraï*) ou de Wajda (*L'homme de fer*, *L'homme de marbre*, *Danton*) sont des chefs-d'œuvre dignes d'être comparés à leurs «homologues» littéraires pour les réflexions historiques qu'ils mettent en scène.

IDENTITÉ et RECONNAISSANCE

•

« Pas Chabert ! Pas Chabert ! je me nomme Hyacinthe,
répondit le vieillard. Je ne suis plus un homme,
je suis le numéro 164, septième salle [...]. »

Dans le roman : la tragédie du colonel Chabert repose essentiellement sur l'impossibilité de porter un nom. Enfant trouvé,
il est d'abord privé de patronyme ; quand il en acquiert un plus
tard, c'est un nom « commun » qui, au lieu de permettre une
identification immédiate, pose un problème d'identité ; le
nombre des Chabert implique une sorte d'« impersonnalité » du
personnage. Son anonymat final contraste avec sa volonté
première de se faire reconnaître, dans tous les sens du terme ;
il faut noter la violence des phrases dans lesquelles le héros
revendique son identité : *« Je crierai là : "Je suis le colonel*
Chabert." » ; à l'opposé de tout comique, l'évidence de son nom
semble échapper au personnage et l'entraîner dans une
« inquiétante étrangeté ».
La folie, en effet, n'est pas seulement une menace romanesque,
un artifice narratif ; elle caractérise sans cesse le héros. Le
premier et le dernier portraits du colonel présentent ainsi la
« démence triste », le *« regard stupide »* d'un homme privé de
raison. Or Chabert a compris qu'il pouvait se confier à Derville,
non à ses clercs, de même qu'il justifie son dégoût du monde et
se montre encore *« un vieux malin plein de philosophie et d'ima-*
gination ». Ces deux derniers termes qualifiant souvent chez
Balzac l'artiste lui-même, il n'est pas interdit de voir en Chabert le symbole de l'exclusion sociale, dont bien des créateurs
balzaciens sont victimes (Claës en est un bon exemple). Repro-
cher au romancier une contradiction dans la caractérisation
psychologique serait donc un non-sens : ni tout à fait sensé, ni
authentiquement « anormal », Chabert condamne par sa seule
existence une société incapable de reconnaître la vérité, autrement dit une autre forme de folie : la cécité. Comme dans la
tradition shakespearienne, le « fou » et le « revenant » servent de
révélateurs.
Rapprochements : le thème de la disparition et de la réapparition revient à plusieurs reprises chez Balzac (cf. *Wann-Chlore,*
Adieu, Modeste Mignon...). Son origine est aussi ancienne qu'U-
lysse, Agamemnon, Thésée ou Œdipe. Shakespeare, Byron et
Walter Scott constituent des références en la matière (cf. *Le Roi*
Lear, Lara et *Ivanhoé* notamment), à une époque où l'actualité
historique lui donne un certain renouveau (cf. pp. 125-128).
Ce thème connaît une vogue constante pendant tout le
xixᵉ siècle (cf. *Le Comte de Monte-Cristo* de Dumas, *Jacques*

Damour de Zola, *Le Retour* de Maupassant, *L'Ensorcelée* de Barbey d'Aurevilly, etc.). Il s'articule souvent sur une vengeance, absente, notons-le, de l'univers du *Colonel Chabert*. Au XXᵉ siècle, les thèmes de l'étrangeté et de l'exclusion sont unis chez Kafka (*La Métamorphose*), Camus (*L'Étranger*), Beckett (*En attendant Godot*) ou Ionesco (*Rhinocéros*) ; à bien des égards, Chabert est condamné lui aussi au silence et à l'absurdité... Le philosophe Merleau-Ponty démontra, dans un article de *L'Écran Francais*, que le cinéma pouvait être un explorateur de l'univers mental, autant que la littérature romanesque, mais comme à «contre-emploi». C'est sans doute l'œuvre d'Ingmar Bergman qui répond le mieux à cet aspect du cinéma ; dans *Le Silence*, par exemple, deux femmes séjournent dans une ville étrangère sans pouvoir communiquer avec les habitants, chacun demeurant enfermé dans un carcan de solitude. Les films de Milos Forman dénoncent souvent les manières employées par la société pour enterrer sa mauvaise conscience : *Vol au-dessus d'un nid de coucou* présente ainsi un asile psychiatrique représentatif de l'ordre social ; en est-il autrement à Bicêtre ?

JUSTICE
•

> *« Les choses ne vont pas ainsi dans le monde judiciaire, reprit Derville. [...] Et vous appelez cela la justice ? dit le colonel ébahi. »*

Dans le roman : le premier titre de l'œuvre, *La Transaction*, et celui de l'«ouverture», *Une scène d'étude*, révèlent à la fois l'importance du thème de la justice dans *Le Colonel Chabert*, et sa relative atténuation dans l'édition définitive. C'est aux gens du Palais que reviennent les premiers et les derniers mots du roman ; c'est aussi à l'avoué que le romancier donne sa philosophie désabusée ; c'est encore le vocabulaire juridique, omniprésent, qui permet au «nouveau contrat social» de se dire et de se vivre. Pourtant, la justice relève aussi d'un traitement satirique parce qu'elle est contaminée par la vulgarité, le juridisme et l'argent. Les clercs, dans leurs plaisanteries stupides et cruelles, soulignent la laideur de l'étude, et jouent face au colonel le même rôle que la comtesse ; le formalisme et la complexité des méandres judiciaires sont développés, dans les conversations qui précisent les procédures comme dans l'«itinéraire» de Chabert, de sa «descente» d'un tribunal civil (pour la transaction) à un tribunal répressif (la police correctionnelle), avant la simple décision administrative (Bicêtre) ; de la même manière, la menace d'internement à Charenton montre la collaboration de la Justice à des intérêts particuliers ; cette justice de classe s'oppose à une justice universelle, aussi singu-

155

lièrement absente dans le roman qu'une justice immanente ou divine.

Rapprochements : la condamnation de la société par un solitaire victime de la Justice était l'un des enjeux du *Misanthrope*, auquel on a souvent comparé *Chabert*. L'ironie balzacienne à propos des clichés juridico-politiques annonce le Flaubert de *L'Éducation sentimentale*.

La vie humaine est souvent présentée en terme de procès ou de procédures : c'est le cas dans *La Chute* (Camus) et dans *Thérèse Desqueyroux* (Mauriac), par exemple.

L'injustice fait l'objet de fréquentes dénonciations depuis le Moyen Âge (cf. *La farce de Maître Pathelin*, *Les Caractères*, *Discours sur l'origine de l'inégalité*, *Le Mariage de Figaro*, etc.).

La littérature romanesque formule parfois une revendication de véritable justice sociale (cf. *Germinal*, *L'Insurgé*, *Jean-Christophe*, *Les Cloches de Bâle*).

Honoré Daumier a caricaturé les *gens de Justice*. Le cinéma offre de nombreux exemples de personnages honnêtes victimes de la justice dans un monde administratif ou haineux ; le thème du « faux coupable » balaie ainsi l'œuvre d'Alfred Hitchcock (cf. *Le Procès Paradine*, entre autres). Dans *Fury*, Fritz Lang dénonce la responsabilité des mécanismes légaux dans l'injustice ; dans *L'Invraisemblable vérité*, il n'y a plus chez personne de « sentiment de justice », plus rien que les bourreaux et les victimes interchangeables de deux monstres qui, au lieu de se contredire, finissent par coïncider : le Destin et la Loi.

MARIAGE
•

« Un mot dit par lui à propos du mariage de Talleyrand éclaira la comtesse, à laquelle il fut prouvé que si son mariage était à faire, jamais elle n'eût été Mme Ferraud. »

Dans le roman : *Le Colonel Chabert* est une histoire de bigamie, comme le soulignait le second titre du roman : *La Comtesse à deux maris*. Ce motif permet une critique plus sociale que morale ; la société est, en effet, responsable du choix qu'elle laisse aux femmes, et la vie de Rose Chapotel illustre le seul moyen féminin de s'élever dans la hiérarchie sociale... En tout état de cause, le mariage est toujours décidé par « *intérêt commun* », jamais par « *amour réciproque* » ; il satisfait la sensualité plus que le sentiment (Chabert), l'amour-propre plus que l'affection (la comtesse). Dans la « fausse digression » (cf. p. 70, l. 1614-1617), Balzac indique nettement la place essentielle du mariage dans son œuvre : « *La comtesse avait enseveli les secrets de sa conduite au fond de son* *cœur. Là étaient des secrets de vie et de mort pour elle, là était précisément le nœud de cette histoire.* » Le mariage n'est donc pas seulement un moyen d'ascension sociale, il est la cause d'un « *cancer moral* ».

Dans *La Comédie humaine* : Balzac connaît un grand succès avec une œuvre consacrée au mariage, *La Physiologie du mariage*, à laquelle il faut ajouter les *Petites misères de la vie conjugale* ; il donne au lecteur des renseignements statistiques et des conseils, révélant une obsession pour la question de l'assouvissement sexuel des époux (cf. aussi, à ce sujet, *La Vieille Fille*). S'il juge peu naturelle l'institution du mariage, le romancier la reconnaît nécessaire, et souligne même parfois ses vertus (cf. *Mémoires de deux jeunes mariées* ou, *a contrario*, *La Duchesse de Langeais*). Il ne faut pas confondre l'amour et le mariage, qui peuvent suivre des développements parallèles ou opposés (cf. les époux Claës et le ménage Grandet, Mme de Mortsauf dans *Le Lys dans la vallée*, Anastasie de Restaud et Delphine de Nucingen dans *Le Père Goriot*).

Rapprochements : par définition, lié aux thèmes de l'amour et de l'adultère, le mariage est l'un des sujets les plus abordés par la littérature, de *Tristan et Iseut* à *L'Immoraliste*, en passant par *La Princesse de Clèves*, *La Nouvelle Héloïse*, *Madame Bovary* et *Bel-Ami*… Est-il besoin de rappeler la place centrale du mariage dans les comédies de Molière et les tragédies de Racine ? Organisation de la famille et de la société, lieu de pouvoirs conflictuels entre époux et enfants, le mariage est bien plus qu'un thème « sentimental ». Balzac se distingue de la tradition romanesque du mariage malheureux qui provoque l'adultère (ou son obsession) ; il souligne souvent l'affection et le dévouement de la femme (cf. *La Recherche de l'absolu*, par exemple). (Rappelons que le romancier a attendu des années avant d'épouser Mme Hanska, peu de temps avant de mourir.)

À certains égards, *Le Colonel Chabert* captive plus son lecteur par le « duel conjugal » qu'il annonce que par les « joutes oratoires » qu'il autorise. La sincérité du colonel et l'hypocrisie de la comtesse, les enjeux de leur confrontation évoquent les intrigues policières et les drames psychologiques de films célèbres. La réapparition de « disparus » dans des couples déchirés par l'argent ou par une double vie est un thème essentiel dans *Les Diaboliques* (H.-G. Clouzot) et dans *Vertigo (Sueurs froides)* (Hitchcock), film inspiré d'un roman de Boileau et Narcejac, *D'entre les morts*.

157

MORT
•

« Suis-je mort ou suis-je vivant ? »

Dans le roman : *Le Colonel Chabert* présente la particularité de raconter la « mort » de son personnage principal dans les premières pages... Or le héros semble devoir survivre éternellement à des malheurs « mortels ». Force est de constater que Balzac raconte bien une vie, caractéristique de la vie sous la Restauration ; même s'il tente de dire l'indicible, la mort, dans la description des cadavres qui recouvrent le colonel blessé, le romancier n'en souligne pas moins l'instinct de survie, l'énergie (voir à ce mot), qui l'emportent sur *« le vrai silence du tombeau »*. Et si *« l'expérience de la mort »* ravive Chabert, celle de *« la vie »* semble *« tuer »* la comtesse, en lui donnant un *« cancer moral »* (cf. p. 70, l. 1632). Ainsi la relation de la vie et de la mort est-elle paradoxale dans l'œuvre : parce qu'il échappe à la mort physique, Chabert est frappé par une mort sociale ; parce qu'elle échappe à une mort sociale, la comtesse est frappée par une mort morale ; continuer de vivre, c'est donc mourir ; et la mort devient une manière de vivre... Une phrase résume cette assimilation de la vie à la mort : *« J'ai été enterré sous des morts, mais maintenant je suis enterré sous des vivants, sous des actes, sous des faits, sous la société tout entière qui veut me faire rentrer sous terre ! »* Chabert n'est pas repoussé parce qu'il est le contraire de la vie, mais parce que, miroir insupportable, sa *« tête de mort »* renvoie à la société sa propre image.

Rapprochements : bien des œuvres suggèrent le sens – ou l'absurdité – de la vie par le spectacle de la mort. Quand il « dit » sa mort, notamment au théâtre, le personnage nous oblige à « sentir » la nôtre, à la vivre en quelque sorte plus qu'à nous y préparer ; la dernière tirade de Phèdre, le personnage de Lorenzaccio, ou *Le roi se meurt* nous permettent ce type d'expérience de « chute dans l'abîme ». L'œuvre de Samuel Beckett, notamment *Malone meurt* et *L'Innommable*, suggère des parallèles avec le récit de Balzac : dans une attente sans espoir et cependant sans fin, le personnage est condamné au silence (la mort de la voix dans *Malone meurt*), ou à une parole dérisoire *(L'Innommable)* ; Hyacinthe pourrait prononcer ces mots de Malone : *« D'ailleurs peu importe que je sois né ou non, que j'aie vécu ou non, que je sois mort ou seulement mourant, je ferai comme j'ai toujours fait, dans l'ignorance de ce que je fais, de qui je suis, de si je suis. »*

NAPOLÉON

•

«Je me trompe! j'avais un père, l'Empereur! [...]
Notre soleil s'est couché, nous avons tous froid maintenant.»

Dans le roman : il ne faut pas confondre les sentiments du colonel et ceux de Balzac à l'égard de l'Empereur. Chabert vénère Napoléon, qu'il évoque sans cesse, même à Bicêtre ; chez Vergniaud, «*l'égyptien*», le colonel lit les Bulletins de la Grande Armée qui développent la légende impériale. Balzac, au contraire, donne une image nuancée de l'Empereur : certes, il place dans la bouche de son personnage des propos élogieux, mais, dans la présentation du comte Ferraud, il rappelle ses «idées de fusion» ; à cette époque, et son attitude à l'égard de la comtesse, désastreuse pour Chabert (cf. l'entrée «Histoire»). La fin du roman, située en 1840, évoque aussi le retour des cendres impériales ; à cette époque, pour une génération frustrée, Napoléon représente la part du rêve (cf. *Écrire au temps de Balzac*). L'Ogre, pourvoyeur de morts, est bien oublié.

Dans *La Comédie humaine* : la légende impériale, diffusée par les «grognards» à leur retour, alimenta une vaste littérature hagiographique ; dans *Le Médecin de campagne*, le peuple de la vallée alpine se réunit pour entendre, à la veillée, les récits des campagnes de la Grande Armée. Dans *Une ténébreuse affaire*, Mlle de Cinq-Cygne va supplier Napoléon sur le champ de bataille pour sauver ses cousins condamnés. La bataille de la Bérénisa est reconstruite dans *Adieu*. Mais Napoléon est moins une référence «dans Balzac» que «pour Balzac» ; rappelons le mot que le romancier avait inscrit chez lui, devant une statuette de l'Empereur : «*Ce qu'il a entrepris par l'épée, je l'accomplirai par la plume.*» Le romancier est, en effet, fasciné par l'énergie de ce nouveau Prométhée.

Rapprochements : Napoléon est sans doute le personnage historique auquel la littérature et le cinéma ont consacré le plus grand nombre d'œuvres ; l'Empereur n'écrivait-il pas lui-même : «*Tout le monde m'a aimé et m'a haï*» ? Le *Mémorial de Sainte-Hélène*, dans lequel Las Cases a noté les souvenirs de Napoléon, fut le plus grand succès de librairie du XIXe siècle. Dans ce livre, que Julien Sorel dévore avec des «*transports d'amour*», l'Empereur se présente comme le successeur et le continuateur de la Révolution, soucieux du bonheur des peuples, et adversaire des rois. Son «culte» est ensuite pris en charge par les chansons populaires de Béranger. Après les adversaires célèbres (Chateaubriand ou Charles Nodier dans *La Napoléone*), les écrivains prennent en charge le mythe de l'Empereur : Hugo chante le «*héros éblouissant et sombre*» dans

Les Orientales; Stendhal en fait l'idole de Julien Sorel (dans *Le Rouge et le Noir*); Musset, dans les premières pages de la *Confession d'un enfant du siècle*, le présente comme un être immortel : «*On avait vu passer l'Empereur sur un pont où sifflaient tant de balles, qu'on ne savait s'il pouvait mourir*»; dans *Servitude et grandeur militaires*, Vigny explique l'illusion de sa jeunesse, «*entre l'écho et le rêve des batailles*» : «*Les maîtres même ne cessaient de nous lire les bulletins de la Grande Armée, et nos cris de "Vive l'Empereur!" interrompaient Tacite et Platon.*» Outre sa célébrité historique, la bataille de Waterloo est devenue un véritable thème littéraire (cf. *La Chartreuse de Parme, Mémoires d'outre-tombe, Les Misérables, Châtiments*). Le chef-d'œuvre de Tolstoï, *Guerre et paix*, relate non seulement la victoire d'Austerlitz, mais aussi toute la campagne de Russie. Le réalisateur Abel Gance a filmé un *Napoléon* légendaire, trente-trois ans avant un *Austerlitz* moins heureux. Outre son concerto dit « de l'Empereur », Beethoven a dédié sa troisième symphonie à Bonaparte avant de considérer Napoléon comme un tyran. Les toiles de David (*Napoléon passant le col du Grand-Saint-Bernard, Le Sacre de Napoléon*) ou de Gros (*Bonaparte au pont d'Arcole, La Bataille d'Eylau*) illustrent, parmi tant d'autres, l'omniprésence de Napoléon dans l'inspiration artistique de son temps.

PARIS
●

«Paris me fait horreur.»

Dans le roman et chez Balzac : lieu réaliste, espace symbolique, être mythique, Paris revêt ces trois visages dans *Le Colonel Chabert*.

Balzac respecte d'abord une « géographie sociale » dans laquelle chaque personnage est caractérisé, plus encore que situé. Dans son « âge d'or », le colonel habitait un hôtel rue du Mont-Blanc, dans le quartier des nouveaux riches, des Taillefer et des Fœ-dora de *La Peau de chagrin*. L'étude de Derville, rue Vivienne, se trouve dans le quartier des affaires, non loin de la boutique de César Birotteau, rue Saint-Honoré. Quant au somptueux hôtel Ferraud, il se dresse rue de Varennes, rue dans laquelle Raphaël de Valentin s'installe quant il devient riche (cf. *La Peau de chagrin*), non loin de la rue de Grenelle où habite Mme de Beauséant (cf. *Le Père Goriot*). Ces différents quartiers symbolisent le cloisonnement des « castes sociales » : « *C'est à Paris qu'éclate l'inégalité des conditions, dans ce pays ivre d'égalité* » (*Le Cousin Pons*). Mais le symbolisme de Paris est plus riche encore.

Balzac présente, en effet, la capitale comme un véritable laby-rinthe dans lequel on peut indéfiniment se perdre ; c'est le sens de la première «disparition» du colonel : «*Peut-être, semblable à une pierre lancée dans un gouffre, alla-t-il de cascade en cascade, s'abîmer dans cette boue de haillons qui foisonne à travers les rues de Paris.*» Dans *La Fille aux yeux d'or*, Balzac écrit : «*Ce n'est pas seulement par plaisanterie que Paris est nommé un enfer.*» La ville, en effet, est le lieu où se consument les énergies qui s'y dépensent, espace de destruction et d'anéantissement : ce n'est pas par hasard que l'hôtel de Chabert est démoli et que la rue du Mont-Blanc est débaptisée pour devenir la rue de la Chaussée-d'Antin. La perte d'identité frappe à la fois le héros et son environnement. Toujours dans une perpective symbo-lique, il faut noter la correspondance du lieu et du personnage qui y habite ou y travaille ; Balzac affirme dans *Ferragus* que «*les rues de Paris ont des qualités humaines, et nous impriment par leur physionomie certaines idées contre lesquelles nous sommes sans défense*» ; deux exemples l'illustrent bien dans *Le Colonel Chabert* : les descriptions de l'étude, «*une des plus hideuses monstruosités parisiennes*», et de la «*maison Vergniaud*», «*si toutefois ce nom convient à l'une de ces masures bâties dans les faubourgs de Paris, et qui ne sont comparables à rien, pas même aux plus chétives habitations de la campagne, dont elles ont la misère sans en avoir la poésie.*» Le décor influe sur le person-nage et reflète ses états d'âme dans une conception analogique de l'univers qui fonde la cohérence du roman, puisque, en quelque sorte, l'espace contient en germe l'intrigue. À la dif-férence d'autres œuvres de Balzac, *Le Colonel Chabert* ne déve-loppe pas d'opposition entre Paris et la province, mais entre les quartiers centraux de la capitale et leurs périphéries (le dépôt de mendicité de Saint-Denis, Charenton, Bicêtre et l'hô-pital des enfants trouvés). Notons que Chabert lutte pendant des mois pour retrouver Paris qui le «*bannit*» pour toujours à Bicêtre ; symboliquement, le trajet de l'étude à Groslay permet à la comtesse de chasser son premier mari de la «*ville aux cent mille romans*» (*Ferragus*).

Paris, corps vivant, «nature sociale», est enfin traité par Balzac comme un être mythique, tour à tour gamin, femme et ogre. L'exposition spatio-temporelle prend déjà la forme de la pré-sentation d'un type humain, celui du saute-ruisseau qui «*tient au gamin de Paris par ses mœurs, et à la Chicane par sa destinée.*» Rentrer dans Paris, pour Chabert, c'est donc d'abord, et litté-ralement, affronter les petits clercs. La «vie parisienne» est aussi une liaison – ou une rupture – féminine ; la comtesse confond, en effet, les deux mythes balzaciens de la courtisane et de la femme sans cœur. Vouloir être reconnu à Paris, c'est enfin subir les menaces d'un ogre : « *Comme presque tous les endroits où se cuisinent les éléments du grand repas que Paris dévore chaque jour, la cour dans laquelle Derville mit le pied offrait les traces de la précipitation voulue par la nécessité d'arriver à heure fixe.* » Les derniers mots de Derville doivent être entendus au sens le plus strict : gouffre horrible, moderne Babylone, Paris peut à bon droit « *faire horreur* ».

Si, comme l'écrit Balzac dans *La Recherche de l'Absolu*, « *il faut n'avoir ni foyer ni patrie pour rester à Paris* », le colonel Chabert était condamné au bannissement.

Rapprochements : ville mythique, Paris est l'objet de toutes les célébrations et de toutes les dénonciations. Dès le XVIIe siècle, Molière la présente comme « *le grand bureau des merveilles, le centre du bon goût, du bel esprit et de la galanterie* », et Boileau déplore les « *embarras* » ou encombrements qui perturbent la circulation... Au XVIIIe siècle, le contraste se développe entre une image positive de la capitale, symbole de civilisation et de progrès, malgré d'inévitables imperfections (cf. Voltaire, *Le Mondain, Lettres philosophiques, Candide*) et une image négative, inséparable des vices qui y règnent (cf. Prévost, *Manon Lescaut* ; Voltaire, *L'Ingénu* ; Laclos, *Les Liaisons dangereuses* ; et, *a contrario*, Rousseau et Bernardin de Saint-Pierre). Le XIXe siècle invente le mythe de Paris, Babel moderne où se côtoient la richesse la plus insolente et la misère la plus insupportable (cf. Sue, *Les Mystères de Paris* ; Hugo, *Les Misérables* ; Zola, *L'Assommoir, Nana* ; Baudelaire, *Les Fleurs du Mal* ; etc.). Paris devient aussi le pôle d'attraction qui fascine de jeunes provinciaux ambitieux comme Julien Sorel (*Le Rouge et le Noir*), Eugène de Rastignac (*Le Père Goriot*), Lucien de Rubempré (*Illusions perdues*), ou Frédéric Moreau (*L'Éducation sentimentale*). Au XXe siècle, Paris devient un thème d'inspiration poétique, notamment grâce à Apollinaire (*Alcools, Calligrammes*) et aux surréalistes (cf., par exemple, *Nadja* d'André Breton). À l'opposition entre Paris et la province succède, plus violente que jamais, l'évocation d'une vie misérable en banlieue (cf. Céline, *Voyage au bout de la nuit*). La grande ville a toujours été le prétexte narratif d'une descente aux abîmes, dans les « bas-fonds » (cf. Gorki et Conan Doyle, Stevenson et Gogol ; et, au cinéma, Chaplin, Ozu, Kurosawa, Pasolini...).

SOCIÉTÉ

•

« Alors la société changea de face. »

Dans le roman : l'épilogue de *La Peau de chagrin* assimile la société à Fœdora, *« la femme sans cœur »* ; le cas du *Colonel Chabert* est un peu différent, dans la mesure où Balzac ajoute à la culpabilité de la comtesse les circonstances atténuantes de la nécessité ; l'épouse du colonel est aussi une victime sociale, dans un univers presque exclusivement masculin qui la réduit à une fonction reproductrice et sexuelle. Déçue par son second mari, Mme Ferraud subit d'une certaine manière le sort qu'elle réserve au colonel... La société échappe à toute approche sociologique ; elle se masque trop pour être précisément « étudiée » ; car, plus que dans un ensemble de règlements, elle apparaît surtout dans les mentalités. Envoyer Chabert à Charenton, par exemple, serait une mesure administrative humaine et « politique », prise dans l'intention d'assurer la sécurité publique en améliorant la santé individuelle... Un détail, néanmoins, interdit l'angélisme : Chabert a raison, il a aussi sa raison, et la menace d'internement qui pèse sur lui sert plus l'intérêt particulier de la comtesse que le bien commun...

Rapprochements : fuir le commerce des hommes, par refus d'une société qui ne mérite plus son nom, c'était déjà le sort d'Alceste, dans *Le Misanthrope*. Mais l'opinion publique n'occupait guère alors la place que Derville souligne pour inquiéter la comtesse : *« Madame, les avocats sont bien éloquents lorsque les causes sont éloquentes par elles-mêmes, il se rencontre ici des circonstances capables de soulever contre vous l'opinion publique. »* Il est remarquable que l'avoué n'invoque ici ni la justice, ni le bien : seule compte la respectabilité, c'est-à-dire l'apparence ; l'on ne peut s'empêcher de songer à la dénonciation, par les moralistes classiques, de « la loi du plus fort », et notamment à la formule de Pascal : *« Ne pouvant faire que le juste fût fort, on a fait que le fort fût juste. »* La portée morale est une fois de plus inséparable de la critique sociale.

Voir les entrées « argent », « justice », « mariage » et « Paris ».

SOLDAT

•

« Je ne puis plus être soldat, voilà tout mon malheur. »

Dans le roman : Chabert n'est pas le seul soldat de l'œuvre. Boutin et Vergniaud participent aussi au mythe. Le soldat est d'abord caractérisé par son langage et par son attitude ; le premier, très imagé, s'apparente parfois à une sorte d'argot, et

163

frappe par sa brutalité : *«J'y allais ferme, monsieur, car me voici!»*, *«Mais si je recouvre ma fortune!... Enfin, suffit!»* La seconde est faite de simplicité et de dignité, et Balzac emploie l'adjectif *«auguste»* pour la qualifier. Le destin du soldat étonne par ses paradoxes; conquérant du monde, il perd tout (la vie, comme Boutin à Waterloo) ou ne garde rien (comme Chabert et Vergniaud, qui a pris un établissement *«au-dessus de ses forces»*). La comparaison rend compte de ce destin exceptionnel : *«Nous étions deux débris curieux après avoir ainsi roulé sur le globe comme roulent dans l'Océan les cailloux emportés d'un rivage à l'autre par les tempêtes. À nous deux nous avions vu l'Égypte, la Syrie, l'Espagne, la Russie, la Hollande, l'Allemagne, l'Italie, la Dalmatie, l'Angleterre, la Chine, la Tartarie, la Sibérie; il ne nous manquait plus que d'être allés dans les Indes et en Amérique!»* Enfin, Balzac développe le thème démocratique de l'instruction; bien des vétérans qui savaient lire devinrent instituteurs de village et racontaient leurs campagnes aux enfants (cf. Chabert chez Vergniaud); développant la légende napoléonienne, ils manifestaient aussi par leur exemple le rôle de promotion sociale joué par l'école et l'armée, pour les plus pauvres.

Chez Balzac : Balzac fait apparaître des personnages de soldats dès ses premières œuvres (cf. *Falthurne* et *Sténie, L'Héritière de Birague* et *Wann-Chlore*); mais c'est surtout dans *Le Dernier Chouan* que les militaires font leur entrée en force dans *La Comédie humaine*. *El Verdugo, La Dernière revue de Napoléon* et *Adieu* s'inscrivent dans cette même veine, mais Balzac ne parviendra jamais à écrire *La Bataille*, qui devait venir compléter les *Scènes de la vie militaire*.

Rapprochements : le soldat est une figure exemplaire de la littérature épique (Ulysse, Achille, Hector, Roland, etc.) et du roman courtois (Lancelot, Perceval, Tristan, Yvain, etc.). Le prestige de la carrière et la noblesse chevaleresque attirent toujours des héros du XIXe siècle (cf. *Servitude et grandeur militaires, Le Rouge et le Noir, La Chartreuse de Parme*, etc.). Les deux guerres mondiales ont progressivement élargi le symbolisme militaire, au point de transformer le soldat en symbole de la condition humaine (cf. *Voyage au bout de la nuit*, entre autres). L'héroïsme disparaît à mesure que la guerre est démythifiée (voir l'entrée «guerre»).

À l'attention plus spécifique des candidats au baccalauréat, nous proposons ici, faisant suite aux questionnaires dont nous avons ponctué chacun des huit passages que nous avons distingués dans notre édition du texte, d'autres questions et plusieurs suggestions de groupements thématiques.

PREMIER PASSAGE (pp. 11-23)

1. Le personnage principal est souvent introduit par le romancier dans un lieu réaliste et symbolique qui annonce son destin. Comparez rapidement quelques *incipit** balzaciens célèbres.
Suggestions : Raphaël et la maison de jeu dans *La Peau de Chagrin*; Eugénie et la maison de Saumur dans *Eugénie Grandet*; Rastignac, Goriot et la pension Vauquer dans *Le Père Goriot*; la duchesse et le couvent dans *La Duchesse de Langeais*.

2. Connaissez-vous d'autres œuvres littéraires qui présentent le monde de la justice (avocats, plaideurs, juges, etc.) ? En quoi une comparaison rapide est-elle possible avec *Le Colonel Chabert*? Quelle(s) différence(s) essentielle(s) faut-il néanmoins remarquer ?

DEUXIÈME PASSAGE (pp. 26-43)

1. Une statuette en plâtre de Napoléon trônait sur la cheminée de Balzac, rue Cassini; près de son socle, le romancier avait écrit les mots suivants : *«Ce qu'il a entrepris par l'épée, je l'accomplirai par la plume.»* Cherchez des apparitions de l'Empereur dans d'autres œuvres de Balzac, et chez d'autres écrivains.
Suggestions :
• dans *La Comédie Humaine* : *Une ténébreuse affaire*; *Le Médecin de campagne*;
• chez d'autres écrivains : Musset, *La Confession d'un enfant du siècle*; Stendhal, *La Chartreuse de Parme*; Chateaubriand, *Mémoires d'outre-tombe*; Hugo, *Les Misérables*; Tolstoï, *Guerre et Paix*.

2. Cherchez des récits de guerre dans les œuvres suivantes et comparez-les avec le discours du colonel Chabert : *La Chanson de Roland*; Rabelais, *Gargantua*; Voltaire, *Candide*; Zola, *La Débâcle*; Céline, *Voyage au bout de la nuit*.

3. Élargissez votre recherche au cinéma, en restant attentifs à d'éventuelles correspondances (valeurs historique, épique*, polémique*, etc.).

Suggestions : D. Trumbo, *Johnny Got His Gun* ; S. Kubrick, *Les Sentiers de la Gloire* ; F. F. Coppola, *Apocalypse Now ; Rambo.*

TROISIÈME PASSAGE (pp. 49-63)

1. Cherchez d'autres demeures balzaciennes « remarquables » dans *La Comédie humaine.*
Suggestions : la maison de l'antiquaire et l'hôtel Saint-Quentin dans *La Peau de chagrin* ; les maisons de Guérande dans *Beatrix* ; la maison Claës dans *La Recherche de l'Absolu* ; la maison de Mademoiselle Cormon dans *La Vieille Fille* ; les domiciles de l'abbé Birotteau dans *Le Curé de Tours.*
Illustrent-elles l'affirmation de Balzac selon laquelle *« l'architecture est l'expression des mœurs »* ?

2. Groupement thématique : *« Paris dans la littérature romanesque du XIXe siècle. »* Relevez six passages représentatifs des œuvres suivantes pour développer des comparaisons et des distinctions : Stendhal, *Le Rouge et le Noir* ; Flaubert, *L'Éducation sentimentale* ; Hugo, *Les Misérables* ; Balzac, *Le Colonel Chabert* ; Zola, *L'Assommoir* ; Maupassant, *Bel Ami.*
N.B. N'hésitez pas à préciser votre analyse à l'aide d'autres romans des mêmes auteurs.

QUATRIÈME PASSAGE (pp. 67-72)

1. Groupement thématique : *« Digressions et rétrospectives balzaciennes. »*
Suggestions : *La Duchesse de Langeais* ; *César Birotteau* ; *La Fausse Maîtresse* ; *Le Médecin de campagne* ; *Pierrette*, *Le Colonel Chabert.*

2. Groupement thématique : *« Le faubourg Saint-Germain vu par Balzac. »*
Suggestions : *La Fille aux yeux d'or* ; *Le Père Goriot* ; *Illusions perdues* ; *La Peau de chagrin* ; *La Duchesse de Langeais* ; *Le Colonel Chabert.*

3. Groupement thématique : *« Les pouvoirs de l'argent. »*
Suggestions : Diderot, *Le Neveu de Rameau* ; Lesage, *Turcaret* ; Balzac, *Eugénie Grandet* ; Zola, *L'Argent* ; Maupassant, *Bel-Ami* ; Mauriac, *Le Nœud de vipères.*

CINQUIÈME PASSAGE (pp. 75-79)

1. Groupement thématique : *« Intérieurs balzaciens (caractère et décors). »* Suggestions : *Le Cabinet des Antiques* (l'hôtel d'Esgri-

gnon) ; *La Recherche de l'Absolu* ; *Eugénie Grandet* ; *La Peau de chagrin* ; *Le Colonel Chabert*.

2. Groupement thématique : «*Femmes sans cœur et femmes modèles dans* La Comédie humaine.»
Suggestions : Fœdora dans *La Peau de chagrin* ; La Duchesse de Langeais dans *La Duchesse de Langeais* ; Madame Claës dans *La Recherche de l'Absolu* ; Madame Grandet dans *Eugénie Grandet* ;

3. Groupement thématique : «*Femmes sans cœur et femmes modèles dans la littérature du* XIXe *siècle.*»
Suggestions : Doña Sol (Hugo, *Hernani*) ; Camille et Marianne (Musset, *On ne badine pas avec l'amour* et *Les Caprices de Marianne*) ; Madame de Rênal et Mathilde de La Môle (Stendhal, *Le Rouge et le Noir*) ; Madame Arnoux (Flaubert, *L'Éducation sentimentale*) ; Nana (Zola, *Nana*).

SIXIÈME PASSAGE (pp. 82-91)

1. Groupement thématique : «*Le personnage balzacien face au malheur.*»
Suggestions : *Le Colonel Chabert* ; *Le Père Goriot* ; *La Peau de chagrin* ; *Splendeurs et Misères des courtisanes* ; *César Birotteau* ; *Les Paysans*.

2. Groupement thématique : «*Le personnage face au malheur chez d'autres écrivains.*»
Suggestions : *Tristan et Iseult* ; Madame de Lafayette, *La Princesse de Clèves* ; Abbé Prévost, *Manon Lescaut* ; Flaubert, *Un cœur simple* ; Huysmans, *À vau l'eau* ; Camus, *La Peste*.

SEPTIÈME PASSAGE (pp. 95-101)

1. Groupement thématique : «*La séparation dans* La Comédie humaine.*»
Suggestions : *La Peau de chagrin* ; *La Duchesse de Langeais* ; *Eugénie Grandet* ; *Splendeurs et Misères des courtisanes* ; *Le Lys dans la vallée* ; *Le Colonel Chabert*.

2. Groupement thématique : «*La séparation chez d'autres écrivains.*»
Suggestions : *Tristan et Iseult* ; Madame de Lafayette, *La Princesse de Clèves* ; Abbé Prévost, *Manon Lescaut* ; Rousseau, *Julie ou la Nouvelle Héloïse* ; Choderlos de Laclos, *Les Liaisons dangereuses* ; Stendhal, *La Chartreuse de Parme* ; Flaubert, *Un cœur simple* ; Zola, *Nana*.
N.B. Il peut être pertinent de mettre en relation la scène de séparation et celle de la première rencontre...

HUITIÈME PASSAGE (pp. 107-113)

1. Groupement thématique : «*Lieux de misère et de déchéance.*»
Suggestions : Abbé Prévost, *Manon Lescaut* ; Sue, *Les Mystères de Paris* ; Hugo, *Les Misérables* ; Zola, *L'Assommoir* ; Zola, *Germinal* ; Céline, *Voyage au bout de la nuit*.

2. Groupement thématique (susceptible d'être rapproché du précédent) : «*Le dégoût de soi et de l'humanité.*»
Suggestions : Chateaubriand, *René* ; Huysmans, *À rebours* ; Zola, *La Joie de vivre* ; Sartre, *La Nausée* ; Camus, *La Chute*.

3. Groupement thématique : «*Épilogues.*»
Suggestions : Rousseau, *Julie ou la Nouvelle Héloïse* ; Balzac, *La Peau de chagrin* ; Flaubert, *L'Éducation sentimentale* ; Zola, *Germinal* ; Butor, *La Modification* ; Duras, *L'Amant*.

Gérard Depardieu et Fanny Ardant
dans l'adaptation cinématographique d'Yves Angelo (1994). Ph. Benoît Barbier.

acte : en jurisprudence, tout ce qui se fait entre particuliers, avec ou sans le ministère d'un officier de justice, soit en jugement, soit hors de jugement. Déclaration faite devant un tribunal, et dont on a constaté la réalité. Exposé des faits imputés à un accusé. Au pluriel, le terme désigne les registres où sont réunies les décisions de l'autorité. Un acte de notoriété est un acte *« par lequel un officier public ou ministériel relate des témoignages constatant la notoriété de certains faits »* (Dalloz).

actif : sommes dont on est créancier, par opposition à *passif*.

adjudication : vente aux enchères d'un bien.

adversaire : partie• adverse, contre laquelle on plaide.

affaire : procès, transaction•, entre autres sens qui favorisent bien des jeux de mots.

à l'amiable : par voie de conciliation, sans procès.

arriéré : ce qui reste dû, somme à payer.

article : partie d'un contrat ou d'un écrit quelconque.

attendu : alinéa qui expose les motifs d'une requête• ou d'un jugement (et commence par la locution *« attendu que »*).

audience : séance d'un tribunal• et, par extension, le tribunal même, ou ceux qui assistent à une audience.

avocat : il plaide en justice, après avoir donné des conseils dans son cabinet.

avoué : officier ministériel chargé de représenter les parties• devant les tribunaux• et de faire les actes• de procédure•.

basoche : cour• de justice et tous ceux qui y travaillent : avoués•, clercs•, etc ; habitudes qu'on y observe.

billet : petite lettre d'amour ; avis

imprimé, écrit qui constate une obligation ; papier de crédit... La polysémie du terme permet de nombreux jeux de mots.

broutille : tous les petits actes• par lesquels on gonfle une affaire•. Dans *Le Code des gens honnêtes*, Balzac précise que *« dans une étude• bien montée, on doit en faire le déjeûner pour trente ou quarante francs tous les matins »*.

cabinets : le roman en présente plusieurs : l'étude• de Derville, les conseils où se traitent les affaires de l'État (le Comte Ferraud), le petit lieu couvert du jardin de la Comtesse Ferraud.

carrick : sorte de redingote très ample, dont les larges collets forment plusieurs capes superposées (voir couverture de cette édition). Le mot, d'origine anglaise, désigne aussi la voiture et le manteau d'un cocher, voire le cocher lui-même. En désignant ainsi Chabert, les clercs l'assimilent à une époque révolue.

catalepsie : cessation brusque des mouvements volontaires (conservation de l'intelligence, mais impossibilité de parler).

cause : affaire•, procès, intérêts d'une partie•.

chambres : assemblées. La Chambre haute, ou Chambre des pairs•, aristocratique, était composée de membres nommés par le roi à titre héréditaire.

chancellerie : administration de l'ordre de la Légion d'honneur.

charge : assaut, attaque (à la guerre) et magistrature, fonction publique (encore un terme dont la polysémie permet une double lecture...).

chefs : points, articles.

chicane : le monde des procès ; les formalités de justice abusives.

clause : disposition particulière d'un acte•.

clerc : celui qui travaille dans l'étude d'un notaire, d'un avoué, etc. Le maître clerc est le principal clerc. Il est assisté d'un premier et d'un second clercs, et de petits clercs qui font les commissions et rendent de petits services.

code : recueil de dispositions législatives ou réglementaires (Le Code civil, ou Code Napoléon, date de 1800-1804).

commissaire-priseur : officier ministériel chargé de l'estimation des objets mobiliers et de leur vente aux enchères.

commission rogatoire : délégation d'un tribunal• à un autre pour un acte• qui n'est pas de son ressort.

communs (en biens –) : époux mariés sous le régime de la communauté des biens.

consacrés : confirmés, attestés.

contractant : qui s'engage par contrat.

contradictoirement : après avoir entendu les deux parties• (Chabert et la Comtesse Ferraud).

contrat (sans –) : voir *communs en biens.*

copiste : celui dont le travail consiste à copier, à recopier, à écrire des manuscrits.

correctionnelle : le tribunal• de police correctionnelle juge des actes qualifiés de délits par la loi.

cour : siège de justice où l'on plaide, tribunal•.

criminelle : tribunal qui juge les crimes (et non les délits ; voir *correctionnelle*).

Curtius : cet allemand avait fondé vers 1770 deux musées de figures de cire (ancêtres du Musée Grévin !), l'un au Palais-Royal, l'autre sur le boulevard du Temple. Godeschal évoque le premier, le second étant devenu depuis 1816 le Théatre des Funambules, où s'illustra vers 1830 le mime Deburau (voir, à ce sujet, le film

de M. Carné, *Les Enfants du paradis*).

décret : décision par laquelle on ordonne ou règle quelque chose (le chef de l'État et les assemblées en promulguent).

dette publique : argent que l'État emprunte aux particuliers. Depuis 1793, le nom de tous les rentiers est inscrit sur le Grand Livre de la Dette publique.

dévolu : transporté, acquis, destiné par droit.

diligence (ou **poursuite**) : acte•, dirigé contre quelqu'un qui n'a pas respecté une obligation•.

domaine public : ensemble des biens de l'État.

établissement : « *ce qui sert essentiellement à l'exercice d'un métier* » (Littré), fonds de commerce, entreprise, exploitation commerciale.

état : (des personnes) ensemble des qualités juridiques d'une personne, de ses droits et de ses obligations ; (d'une question) exposition de sa situation ; liste, inventaire, tableau, compte qui présente une situation.

étude : pièce où un notaire•, un avoué•, un huissier•, fait travailler des clercs• ; charge• de ce notaire, de cet avoué, etc.

exploit : acte• dressé par l'huissier• pour convoquer au tribunal•, saisir un bien, etc.

faire foi : avoir la force d'une preuve.

fastes (judiciaires) : annales, registres.

fisc : administration des Finances publiques.

forfait : marché par lequel on s'engage à un prix déterminé à l'avance (Boucard reproche à Godeschal de perdre son temps... et l'argent de l'étude• !).

goguenard : moqueur, narquois, railleur.

greffe : lieu d'un tribunal• où sont

170

déposés les actes* de procédure*, et où se font certaines déclarations.

grossoyer / grossoyeur : tirer à la ligne ou à la page pour faire payer plus cher le texte grossi artificiellement. Cette copie, appelée « *la grosse* », est écrite par « *le grossoyeur* ».

huissier : officier de justice chargé de signifier* les actes* de procédure* et de mettre à exécution les jugements.

inscription (en faux) : action de soutenir en justice qu'un document de la partie* adverse est faux ou falsifié ; *inscription hypothécaire* : mention que le conservateur des hypothèques fait sur ses registres de l'hypothèque qu'une personne déclare et justifie avoir sur les biens d'une autre.

instances préparatoires : actes* qui permettent d'entamer une procédure*.

juridiction : pouvoir du juge ; étendue du lieu où le juge a pouvoir de juger ; degré de juridiction : chacun des tribunaux* devant lesquels une même affaire peut être successivement portée.

juridisme : excès dans l'attachement à la règle de droit.

jurisprudence : ensemble des décisions des tribunaux*, qui constitue une source de droit.

jury : ensemble des jurés ; commission chargée d'un examen.

légalisation : attestation par laquelle un fonctionnaire public certifie l'authenticité de signatures apposées au bas d'un acte*.

lever et solder les jugements : les terminer et payer tous les frais de justice.

licitation : vente aux enchères d'un bien non divisé entre ses copropriétaires.

liquidation : opération qui a pour but de payer les dettes et de par-

tager l'actif* restant entre les associés ou les héritiers.

maître : titre qu'on donne aux avocats, aux avoués et aux notaires.

mander : faire savoir (par lettre) ; envoyer ; ordonner (de venir).

maréchal des logis : sous-officier de troupes à cheval (équivalent d'un sergent dans l'infanterie).

mémoire : ouvrage contenant les faits et les moyens d'une cause* qui doit être jugée ; état des sommes dues à un homme de justice pour ses vacations, ses écritures et ses dépenses dans une affaire*.

minute : original des actes* notariés ; jugement qui s'expédie dans les greffes*.

nacre : « *matière blanche et brillante qui forme l'intérieur de plusieurs coquilles, et qui a la propriété de réfracter la lumière d'une manière variée et agréable à l'œil* » (Littré).

notaire : officier public qui reçoit et rédige les contrats, les testaments, les transactions* et autres actes*.

notoriété : voir *acte*.

nul : sans valeur (se dit d'actes* contraires aux lois sur le fond ou dans la forme).

ordonnance : acte*, loi, constitution.

pair / pairie : voir *chambres*.

Palais (de Justice) : situé dans l'île de la Cité, c'est le lieu où siègent les cours* et les tribunaux* ; le mot désigne aussi ceux qui y travaillent (juges, avocats*, etc.).

partie : celui qui plaide contre quelqu'un, soit en demandant, soit en défendant.

pièces : tous les éléments qui composent un dossier.

pilastre : pilier engagé dans un mur pour le consolider.

placet : « *demande adressée au tri-*

171

bunal• *pour obtenir audience*• » (Littré).

plaideur : celui qui plaide, ou qui est en procès.

point (de fait, de droit) : établir le point de fait, c'est préciser les faits de la cause•, l'identité des plaideurs• ; le point de droit énonce les raisons invoquées par chacune des parties•.

poursuite : voir *diligence*.

pratique : clientèle ; manière de procéder devant les tribunaux• ; tout ce qui est relatif aux actes•.

prévenu : homme présumé coupable, accusé.

procédure : manière de procéder en justice ; instruction judiciaire d'un procès ; actes• faits dans une instance•.

procès-verbal : acte• dans lequel un officier de justice constate un fait et ses circonstances.

procuration : écrit par lequel quelqu'un donne à autrui le pouvoir d'agir en son nom ; acte• qui fait foi de cette délégation.

procureur : ancien nom de l'avoué• ; procureur général : magistrat qui exerce les fonctions du ministère public.

questions (préliminaires) : articles qui fixent les conditions dont on convient pour faciliter la conclusion.

quittance : récépissé, écrit constatant qu'une somme a été payée.

rente (publique) : voir *dette*• ; si la comtesse avançait à l'État la somme qu'elle doit à Chabert, celui-ci toucherait un intérêt annuel payé par l'État.

requête : demande adressée par écrit à un magistrat ; écritures signifiées• par les parties• pour développer leurs moyens et conclusions.

résidus : restes d'un compte.

sacs : ils servaient à rassembler les pièces• d'un dossier.

saisie : acte• d'un créancier qui met sous la main de la justice les meubles ou immeubles de son débiteur.

séquestre : état d'une chose en litige remise aux mains d'un tiers par ordre de la justice, jusqu'à ce qu'il soit statué à qui elle appartiendra.

signifier : notifier par voie de justice, faire connaître par un huissier•.

solder (un jugement) : voir *lever*•.

solliciteur : celui qui sollicite un procès, une affaire•, pour lui ou pour un autre.

sous-seing : acte• fait entre des particuliers sans l'intervention d'un officier ministériel.

stipuler : énoncer expressément dans un acte• une condition obligatoire.

succession (ouverture de la –) : moment où les biens du défunt sont transmis à ses héritiers.

taxer (le dossier) : régler les frais de justice.

tirets : petits morceaux de parchemin destinés à enfiler et attacher les papiers.

traduire (en criminelle) : citer ou renvoyer quelqu'un devant un tribunal•.

transaction : « *acte*• *par lequel on transige*• *sur un différend, sur un procès, etc.* [...] ; *tout ce qui se fait d'accords, d'affaires dans la vie ordinaire, dans le commerce* » (Littré).

transiger : « *accommoder un différend par des concessions réciproques* [...]. *Passer un acte*• *pour accommoder un différend, un procès* [...]. *Ne pas se montrer ferme* » (Littré). Il va de soi que Balzac joue de la polysémie... (Faut-il rappeler que le premier titre du roman était *La Transaction* ?).

tribunal : juridiction• d'un magistrat, lieu où l'on rend la justice. Le tribunal d'instance (autrefois justice de paix) est un tribunal de police ; Le tribunal de grande instance (ou première instance) est compétent pour les affaires civiles qui dépassent la juridiction* du précédent.

viagère (rente –) : rente qui dure le temps de la vie (et cesse avec la mort du bénéficiaire).

ANNEXES

Balzac à 33 ans, âge auquel il écrivit Le Colonel Chabert. *Lithographie de Julien.*

antithèse : rapprochement de deux termes de sens opposé.

averbale (phrase –) : phrase sans verbe (ou phrase nominale quand elle a pour noyau un nom).

champ lexical : ensemble de mots qui développent un même thème.

comparaison : rapport établi entre des mots, des objets, des idées ; elle présente quatre éléments : un terme comparé, un terme comparant, un terme comparatif et un point de comparaison.

découpage (cinématographique) : division du film en séquences (une séquence se définit par des plans).

démiurge : créateur ; dieu rival de Dieu (*«écrire, c'est usurper sur Dieu»*, écrit Balzac dans *Ferragus*).

ellipse : suppression d'un ou plusieurs mots.

énonciation : ensemble des signes verbaux qui permettent de répondre à la question *«qui parle et à qui?»*, de repérer dans le texte la présence de l'auteur et la manière dont il s'adresse au lecteur (on veillera à distinguer discours direct, indirect et indirect libre).

épique : qui présente les caractères de l'épopée (manichéisme, amplification, idéal collectif...).

figure : a) figure de construction : modification de l'ordre normal des mots ; b) figure de rhétorique : mode d'expression linguistique et stylistique de certaines structures de pensée.

incipit : début de roman (ou de toute œuvre narrative).

intervention : énoncé qui suppose l'implication de l'auteur (qui s'adresse directement au lecteur).

métaphore : comparaison• implicite (à la différence de la comparaison, elle ne comporte jamais de terme comparatif et n'explicite pas le point de comparaison ni même parfois le terme comparé). La métaphore filée est développée par plusieurs mots séparés.

niveau de langue : caractère stylistique d'une langue (familier, courant ou soutenu).

omniscience / omniscient (narrateur –) : parti-pris de l'auteur de se placer (ou de placer son narrateur) dans une situation où il «domine» ses personnages, n'ignorant rien à leur sujet.

points de vue : perspectives ou «focalisations» qui prennent en charge la description ; a) point de vue du personnage (focalisation interne) ; b) point de vue du narrateur (focalisation externe) ; c) point de vue de l'auteur (focalisation zéro).

polémique : (nom) débat violent ; (adjectif) violent, agressif, qui implique un combat.

procédés : différents moyens stylistiques grâce auxquels un auteur souligne ou suggère un sentiment, une sensation, une idée.

rétrospective : retour en arrière (souvent dans une longue digression caractéristique de la composition balzacienne). À noter que l'enchâssement de la rétrospective et son rôle narratif interdisent de la réduire au statut de parenthèse gratuite.

scène : passage d'un roman qui, par ses dialogues essentiellement, semble mimer la durée réelle de l'action (le sommaire la résume au contraire).

type : personnage représentatif et exemplaire.

BIBLIOGRAPHIE

Sur *Le Colonel Chabert*
•

P. Barbéris, *Le Colonel Chabert*, coll. « Textes pour aujourd'hui »,
Larousse, 1981.
P. Barbéris, Introduction, notes et variantes de l'édition du
Colonel Chabert, in P.-G. Castex, *Balzac, la Comédie humaine*,
tome III, « Bibliothèque de la Pléiade », Gallimard, 1976.
P. Citron, *Balzac, Le Colonel Chabert*, Société des Textes Fran-
çais Modernes, Marcel Didier, 1961.

Sur l'époque de Balzac
•

G. de Bertier de Sauvigny, *La Restauration*, coll. « Champs »,
Flammarion, 1974.
R. Burnand, *La vie quotidienne en France en 1830*, Hachette,
1943.
A. Jardin et A.J. Tudesq, *La France des notables*, deux volumes,
coll. « Points Histoire », Seuil, 1973.
J.-Y. Tadié, *Introduction à la Vie littéraire du XIXᵉ siècle*, Bordas,
1970.
J. Tulard, *La vie quotidienne des Français sous Napoléon*,
Hachette, 1978.

Sur Balzac
•

P. Barbéris, *Balzac, une mythologie réaliste*, coll. « Thèmes et
textes », Larousse université, 1971.
P. Barbéris, *Mythes balzaciens*, A. Colin, 1972.
M. Bardèche, *Balzac, romancier*, Slatkine Reprints, 1967.
A.-M. Baron, *Balzac cinéaste*, Méridiens Klincksieck, 1990.
J. Guichardet, *Balzac, « archéologue de Paris »*, SEDES, 1986.
B. Guyon, *La pensée politique et sociale de Balzac*, A. Colin,
1947.
G. Picon, *Balzac*, coll. « Écrivains de toujours », Seuil, 1956.
F. Pitt-Rivers, *Balzac et l'Art*, Chêne, 1993.
A. Rosa et I. Tournier, *Balzac,* coll. « Thèmes et Œuvres », A.
Colin, 1992.
M. Marini, « Chabert mort ou vif », Littérature n° 13, février
1974.

FILMOGRAPHIE

A. Calmettes et H. Pouctal, *Le Colonel Chabert*, France, 1911.
C. Gallone, *Le Colonel Chabert*, Italie, 1922.
G. Ucicky, *L'Homme sans nom*, Allemagne, 1932.
R. Le Hénaff, *Le Colonel Chabert* (avec Raimu, Marie Bell, Aimé Clariond), France, 1943.
Y. Angelo, *Le Colonel Chabert* (avec G. Depardieu, F. Luchini et F. Ardant), France, 1994.

Portrait présumé de Balzac et de son cheval Smogler
par Eugène Delacroix (Maison de Balzac, Paris).

Imprimé en France, par Hérissey à Évreux (Eure) - N° 119081
Dépôt légal : août 2012 – Collection N° 65 - Édition N° 03
16/9488/4